Raison sensible pure

Adressez les commandes à votre libraire
ou directement à

Éditions L'Harmattan
5,7 rue de l'École Polytechnique
F - 75005 Paris
Tél : 00[33]1.40 46 79 20
Fax : 00[33]1.43 25 82 03
commande@harmattan.fr
http://www.editions-harmattan.fr

ISBN : 978-2-8066-3696-6 D/2019/9202/31

www.eme-editions.be

Roland Techou

Raison sensible pure

Pour comprendre la phénoménologie de Martin Heidegger

EME éditions

À mes enseignants,
Mes formateurs,
Et mes étudiants,

« Jusqu'ici on admettait que toute notre connaissance devait se régler sur les objets ; mais, dans cette hypothèse, tous les efforts tentés pour établir sur eux quelque jugement a priori par concepts, ce qui aurait accru notre connaissance, n'aboutissaient à rien. Que l'on essaie donc enfin de voir si nous ne serons pas plus heureux dans les problèmes de la métaphysique en supposant que les objets doivent se régler sur notre connaissance, ce qui s'accorde déjà mieux avec la possibilité désirée d'une connaissance a priori »[1].

Emmanuel Kant

« Finissons-en avec les théories absurdes ! Avec le principe des principes, nulle théorie imaginable ne peut nous induire en erreur : à savoir que toute intuition donatrice originaire est une source de droit pour la connaissance ; tout ce qui s'offre à nous dans "l'intuition" de façon originaire doit être simplement reçu pour ce qu'il se donne, mais sans non plus outrepasser les limites dans lesquelles il se donne alors »[2].

Edmund Husserl

---

[1] KANT, E., *Critique de la raison pure*, 1re éd., 1781 (A), §§10 et 11. Trad. de A. Tremesaygues et B. Pacaud. Paris, PUF, 1975.

[2] HUSSERL, E., *Idées directrices pour la phénoménologie*, § 24, trad. P. Ricœur, Paris, Gallimard, 1950, p. 78.

Avant-propos

Il s'agit pour nous de rendre explicite le principe déjà énoncé, celui de « Raison sensible pure ». En effet, si en phénoménologie plus qu'en métaphysique, toute connaissance suppose que soit préalablement élucidé le statut du sujet connaissant, Martin Heidegger, à la suite de Kant et mieux que Descartes a fait de l'imagination le transcendant grâce auquel l'entendement humain dévoile son pouvoir de connaissance. À côté de l'entendement, faculté de la pensée et de l'intuition, faculté de la sensibilité, il détermine un troisième mode de connaissance qui se pose comme racine commune de l'entendement et de la sensibilité : C'est l'imagination transcendantale.

Dans ce pouvoir déterminé de la raison finie s'illustre un nouveau principe de fondement, celui de « Raison sensible pure » (reine sinnliche Vernunft) qui montre que la raison humaine est caractérisée par une structure de transcendance (Transzendenzstruktur). Ce qui permet non seulement d'accéder à la compréhension de la finitude humaine comme pouvoir unificateur de l'entendement et de la sensibilité mais aussi et surtout de terminer le sens du transcendantal en cause dans toutes les représentations du sujet sensible pur.

Le décryptage du Kantbuch nous situe ainsi dans le prolongement de Sein « und » Zeit et cherche à montrer que l'ontologie fondamentale de Heidegger y trouve l'explicitation de sa teneur métaphysique, celle-ci étant le destin de l'être en même temps que toute métaphysique doit se reporter avant tout « au » métaphysique. La métaphysique du Dasein est l'être métaphysique lui-même dans sa structure transcendantale et seulement au niveau de la transcendance qu'il constitue. L'enjeu de notre lecture vise à spécifier la phénoménologie ontologique aux côtés des « hérésités » phénoménologiques aujourd'hui en cours. Cette ontologie phénoménologique repose sur la métaphysique du Dasein en tant que fondement de toute métaphysique. Comment l'instauration du fondement de l'ontologie fondamentale ébauchée par Heidegger l'envisage-t-elle ? Comment l'entendement peut-il se rapporter à l'intuition au point de former avec elle une seule et unique faculté de connaissance ? La primauté est accordée au « Comment du Quelque chose » du fait que transcendance et ontologie fondamentale s'impliquent comme quête de l'a priori factuel, fondement théorique de toute connaissance qui ne peut s'exclure de l'expérience. Parce que « l'expérience elle-même est un mode de connaissance qui exige le concours de l'entendement dont il me faut présupposer la règle en moi-même avant que les objets me soient donnés par conséquent a priori, et cette règle s'exprime en des concepts a priori sur lesquels tous les objets de l'expérience doivent nécessairement se régler et avec lesquels ils doivent s'accorder »[3].

---

[3] KANT, E., *Critique de la raison pure*, 1re éd., 1781 (A), § 10.

Introduction

De l'ontologie phénoménologique

Contrairement à la tradition rationaliste, la reprise heideggerienne du statut du sujet connaissant fait constater dès le départ « l'insuffisance de la raison suffisante » à déterminer le pouvoir de l'entendement humain. Ce « quelque chose » qui conditionne toute connaissance comme possibilité de savoir étant l'être, le transcendant pur, l'ontologie phénoménologique en recherche le sens à partir de la figure transcendantale du *Dasein*.

Innovant à la suite de Husserl une nouvelle tradition philosophique, l'ontologie phénoménologique ouvre un nouvel espace à la pensée, loin du rationalisme et au-delà de la métaphysique de la subjectivité. Cet espace qu'elle nomme le *Dasein* – l'être-là – implique qu'au départ ne soit supposé comme condition de détermination ni un « en soi » ni un idéalisme quoique transcendantal mais un maintien du « soi » dans la quête de « l'idéal » qui caractérise toute connaissance humaine. Car, si l'homme « n'est homme que sur fond du *Dasein* en lui », la raison humaine apparaît dès lors comme cette structure de transcendance dont le caractère fini (entendement fini) se fonde à partir de l'intuition sensible. On parle de « Raison sensible pure » (*reine sinnliche Vernunft*).

L'ontologie phénoménologique tout en s'inscrivant dans la tradition de la philosophie transcendantale plus précisément dans la quête de l'idéal qui caractérise la tradition philosophique depuis Kant en passant par l'idéalisme allemand (Hegel, Fichte, Schelling) cherche à montrer que toute métaphysique doit se rapporter à la compréhension de l'essence du sujet métaphysique. Ce qui trouve son point d'ancrage dans l'expérience sensible non empirique que Kant aura posée au fondement de tout savoir. Aucune connaissance n'est envisageable si au préalable on n'en a pas fait l'expérience. Or, ce dont l'être-là au quotidien fait l'expérience, c'est sa finitude.

Le rapport thématique « Finitude et Connaissance de l'être » est donc le problème posé par le *Kantbuch* (*Kant et le problème de la métaphysique*) qu'il faut décrypter suivant le prisme de la « Raison sensible pure ». Dans la mesure où l'enjeu vise à justifier que c'est seulement avec Kant que commence le problème que la métaphysique est pour elle-même à savoir destin de l'être comme « transcendant pur et simple », l'intérêt est de comprendre l'œuvre de 1929, le *Kantbuch* dans la continuité de la philosophie transcendantale en tant qu'ontologie phénoménologique ébauchée depuis 1927 avec la publication de *Sein und Zeit*. Il en résulte d'entrée de jeu une clarification conceptuelle pour faire comprendre le sens du transcendantal, de la transcendance et comment l'être réalise la transcendantalité de toute transcendance suivant la démarche de la nouvelle philosophie : la phénoménologie. Nous sommes donc en phénoménologie c'est-à-dire à l'ère d'une nouvelle tradition philosophique, celle à l'aune de laquelle doit se renouveler toute démarche philosophiquement.

Comme telle, la phénoménologie récuse moins la raison comme faculté qu'elle ne cherche à fonder la rationalité sur fond d'essence de la raison : raison finie. Cherchant à s'y tenir fermement et donc à penser la réalité à partir d'elle-même et non à partir d'entités venues d'ailleurs et susceptibles de rendre le réel étranger à lui-même voire à soi, Martin Heidegger s'éloigne de la tradition métaphysique d'écoles à savoir cette quête de causalité, du principe premier qui fonde tout savoir, et qui aura caractérisé la tradition philosophique depuis Platon jusqu'à Kant. Heidegger s'en démarque. Il assume la tradition philosophique qui est la sienne à savoir la métaphysique dans sa quête du transcendantal pur et qui devra nécessairement faire rapporter la question au questionner. On peut dire, et ce sur la base de ses écrits notamment : « *Einleindung in der Metaphysik* (1929) » ; « *Was is der metaphysik* (1929) ? » et aussi le *Kantbuch* (1929), que Heidegger ne représente pas la tradition philosophique métaphysique. Cependant, il questionne celle-ci à maints égards cherchant à justifier grâce à la méthode phénoménologique, ce qu'il y a de métaphysique dans toute métaphysique. Il est donc un phénoménologue, le plus rigoureux des phénoménologues d'ailleurs dans la mesure où la méthode, tout en conservant sa teneur spéculative s'impose au-delà de toute démarche empirique et comportementale.

Heidegger n'est pas phénoménologue dans la ligne d'une simple méthode philosophique qui caractériserait une démarche spéculative académique et universitaire sans répondant sur l'existence humaine. Il est phénoménologue dans l'être et le comportement. Il le fait savoir d'ailleurs à plusieurs occasions dont en particulier au moment où il devrait se séparer de Husserl, pour donner suite au malentendu relatif à la rédaction de l'article « Phénoménologie » pour *l'Encyclopédia universalis*, il avoue lors des soixante-dix ans de Husserl, dans le discours qu'il lui revenait de prononcer : « La phénoménologie n'est pas une école où les disciples se contenteraient de répéter leur maître ». C'est à cette approche de la phénoménologie, malgré son éclatement actuel (Dominique Janicaud) que nous adhérons comme méthode philosophique et science du « Comportement ». La spécificité de notre adhésion s'inscrit dans le fait que « s'intéresser à la phénoménologie c'est moins adhérer à une doctrine qu'à l'opération de retour au fondement » de la pensée. (Jean-Luc Marion).

Ainsi cherchons-nous à justifier avec Heidegger que la phénoménologie est une science ontico-ontologique qui ne se réalise que comme philosophie transcendantale au sens où Kant entend comme « transcendantale toute connaissance qui, en général, ne s'occupe pas tant des objets, mais de notre manière de connaître les objets en tant que celle-ci [scil. cette manière de connaître les objets] doit (*soll*) être possible *a priori* »[4]. Cette approche qui évoque la condition de possibilité de toute connaissance met en œuvre diverses approches de connaissance. Elle évoque la connaissance des objets, (ce qui ne préoccupe pas Kant) mais aussi notre manière de connaître les objets (type de connaissance) dont la possibilité est *a priori*.

---

[4] KANT, E., *Kritik der reinen Vernunft* (*Critique de la raison pure*), B 25.

(Ce qui est fondamental pour le philosophe). Il ne s'agit pas de la connaissance comme *a priori* mais de la connaissance qui fonde la possibilité de toute connaissance comme condition nécessaire de possibilité de toute connaissance (*sollen*). Enfin la connaissance de ce qui rend légitime la condition de possibilité de toute connaissance nécessaire. Ces deux derniers types de connaissance, de la condition préalable à la nécessité de toute connaissance et celle de ce qui en légitime la possibilité sont identiques chez Kant comme le montre le chapitre sur la « Déduction transcendantale des catégories ». C'est ce chapitre selon Alexander Schnell qui a permis à Kant de justifier « la production des conditions *a priori* de toute connaissance (à savoir le temps et l'espace, les catégories et le "Je transcendantal") » comme fondement de la légitimité de toute connaissance[5].

Si Kant a su déterminer les conditions aprioritiques de toute connaissance, reste cependant problématique ce qui rend légitime la connaissance comme connaissance, c'est-à-dire le fondement du transcendantal. Par fondement du transcendantal il s'agit de rechercher ce qui légitime l'*a priori* lui-même comme aprioritique. Il faut trouver ce qui légitime nos jugements synthétiques *a priori* en retrouvant à la racine de notre intuition et de notre entendement une relation qui rend « possible la synthèse ontologique »[6].

L'intuition en tant que se clarifiant dans la pensée est liée à la finitude de la connaissance humaine. Car dans l'intuition humaine, au contraire de l'intuition divine créatrice, il y a un donné qui appelle à une réceptivité et celle-ci c'est la sensibilité. Dans son Introduction à la pensée de Heidegger, Jean Walh précise que « cette sensibilité nous met en rapport avec des choses qui se présentent elles-mêmes, qui s'annoncent elles-mêmes, suivant le mot de Heidegger, et que Kant appelle les apparences (*Erscheinungen*). Et la relation de l'apparence et de nous-mêmes est l'affection. Donc le donné doit affecter le sujet qui reçoit ». D'où l'intuition finie est déterminée nécessairement comme sensibilité. S'étant posé la question de savoir comment est possible la connaissance de l'étant en général, Kant ramène la question à une autre plus fondamentale : « Comment est possible la connaissance de l'être ? ». Dans cette direction Kant étudie la connaissance, laquelle est fondée sur l'intuition, et la connaissance est union de l'intuition et de la

---

5 SCHNELL, A., « *L'idée fondamentale du transcendantalisme fichtéen* », Archives de Philosophie 2009/3 (Tome 72), p. 405-422.

6 On sait que la question fondamentale posée par Kant dans la *Critique* est de savoir comment l'homme peut être métaphysicien. La raison finie peut-elle se transcender ? Comment l'étant peut-il devenir objet ? Pour le déterminer, on reconnaît donc et on accepte sur la base des précisions thématiques précédentes (entendement et intuition) que l'objet de la connaissance finie est appelé par Kant « apparence » tandis que l'objet de la connaissance absolue est la chose en soi (*Ding an sich*). L'idée d'apparence veut dire que la connaissance finie se présente à elle, se montre à elle. D'où il ne s'agit pas de dire qu'au-dessous des apparences il y a une chose en soi que nous ne pouvons pas atteindre. Mais ce que nous voyons, est simplement l'apparence, c'est l'étant lui-même en tant qu'il se montre à un étant fini (Jean Wahl). L'apparence pour Kant n'est pas l'irréalité mais négation d'une connaissance absolue qu'il réserve à l'intuition divine. (Sans supposer bien évidemment l'existence de Dieu).

pensée. C'est sur l'apport indéniable de l'intuition dans l'ordre de la connaissance que Heidegger aura insisté contre justement la lecture néo-kantienne de Kant qu'il accuse de n'avoir pas très bien lu la première phrase de la Critique : « De quelque manière et par quelque moyen qu'une connaissance puisse se rapporter à des objets, le mode par lequel elle se rapporte immédiatement à des objets, et que toute pensée, à titre de moyen, prend pour fin, est l'intuition »[7].

À l'entendement est liée la pensée. Elle aussi est liée à la finitude humaine comme l'intuition humaine. La pensée qui pose le jugement dans l'ordre de la connaissance se rapporte nécessairement aux catégories. Juger c'est déterminer quelque chose comme quelque chose. D'où le jugement n'est pas immédiat mais médiat. Et toute médiation est liée à la finitude. Autrement dit, pour déterminer la couleur d'une chose (jugement), je passe par une idée de la couleur. Tout jugement faisant un détour par l'idée de ce que la chose est, on accède à une double finitude de la connaissance, celle de l'intuition sensible et celle de la pensée. Jean Wahl souligne que cette pensée elle-même connaît une double finitude, celle du temps et celle des catégories.

Autrement dit, l'entendement et l'intuition posent le problème du rapport du transcendantal avec la quête de l'*a priori* factuel[8] en mesure de déterminer l'objet de notre connaissance. Comment est-il possible qu'un étant fini connaisse *a priori* ? Il se pose un nouveau problème, celui de l'essence de la connaissance pure « en tant qu'indépendante de l'expérience et antérieure à toute connaissance ». Pour Heidegger cette préoccupation ne saurait être orientée autrement. Elle doit s'inscrire dans la quête de l'être en tant que ce qui légitime toute connaissance. C'est le problème de la connaissance ontologique en tant que problème de la possibilité de « l'entente de l'être ». Plus précisément, « notre connaissance est ontologique, et la recherche transcendantale consistera d'après Heidegger à chercher le fondement de cette connaissance ontologique : Comment peut-il se faire que *a priori* nous connaissons des objets ? »[9].

Si l'objet de la *Critique* est la vérité transcendantale qui n'est rien d'autre que la vérité ontologique, s'impose une refondation de la métaphysique à partir des deux branches de la connaissance déjà évoquées (l'intuition et l'entendement) qui « dérivent d'une source commune et inconnue ». Cette source inconnue de notre entendement sera la source commune de l'entendement et de l'intuition : c'est l'imagination transcendantale qui révèle le pouvoir de productivité de l'homme. Une approche phénoménologique de cette imagination que Kant pose en subalterne s'impose afin de déterminer la spontanéité de la connaissance intuitive de

---

[7] KANT, E., *Œuvres philosophiques I, Bibliothèque de la Pléiade*, Paris, Gallimard, 1980, p. 781.

[8] Voir la précision dans l'étude récente de Claudia Serban, *Le statut du possible dans le discours critique de Kant et la « philosophie transcendantale des anciens », Les Études philosophiques* 2013/2 (n° 105), p. 159-177. « La possibilité transcendantale reste, en dépit du profond infléchissement de son sens en direction de la subjectivité, une "possibilité ontologique" orientée donc vers l'objet ».

[9] WAHL, J., *Introduction à la pensée de Heidegger*, Paris, Librairie générale Française, 1998, p. 148-149.

l'homme comme *a priori*. Elle rend possible la déduction subjective comme fondement *a priori* de toute connaissance[10] à l'aune de la temporalité. La lecture phénoménologique du schématisme kantien[11] trace l'horizon de l'objectivité de la connaissance à partir de la subjectivité en faisant du projet de déduction subjective le fondement du pouvoir de la pensée. L'approche de l'imagination transcendantale va non seulement poser celle-ci comme le fondement de la transcendance théorique (précompréhension de l'être), mais également de la raison pratique, la compréhension du moi comme personne déductive du respect à la loi morale.

À ce titre, la phénoménologie ontologique s'oppose non pas seulement à la tradition rationaliste mais à toute la philosophie précédente. Il s'agit d'abord de Kant lui-même sur la recherche des conditions de possibilité de l'expérience et partant de la connaissance, dont il n'y a pas à leur tour d'expérience précisément parce qu'elles la rendent possible. Ensuite il s'agit de Husserl avec son « tournant transcendantal ». Heidegger entend par ce concept le motif fondamental d'une question à rebours des sources ultimes de toute connaissance. Il approfondit par là l'indication kantienne, dans ses *Prolégomènes,* selon laquelle la démarche synthétique de la *Critique de la raison pure* consiste à creuser, selon un procédé « progressif », les « sources » de toute connaissance[12]. Enfin, le « transcendantal » ne saurait se limiter à une simple description[13]. Les résultats attendus de notre travail

---

[10] C'est le point de vue d'Alexander Schnell, « Possibilité, possibilisation et réflexion de la réflexion : L'héritage de la philosophie allemande classique dans la phénoménologie transcendantale » Philosophiques 432 (2016) : 297–315 pour qui « si l'on comprend effectivement la phénoménologie comme une philosophie transcendantale voire comme un "idéalisme transcendantal", alors, pour en saisir la teneur et le sens, le recours à la philosophie allemande classique s'avère incontournable ».

[11] Martin Heidegger, contre le néokantisme ambiant, ébauche une lecture comparée des deux éditions de la *Critique de la raison pure,* celle de 1781 et celle de 1787, afin de déterminer l'unité du kantisme. Dans l'édition de 1781, Kant fait une découverte merveilleuse, celle qui consiste à fonder l'objectivité de la connaissance humaine à partir de la subjectivité : la déduction subjective. Mais dans la deuxième édition, Kant lui-même abandonne cette piste, ne tenant plus au temps et à l'espace comme des catégories aprioritiques de la connaissance. Kant fait droit à un « en soi » par lequel il distingue le phénomène du noumène. Or pour Heidegger, plus rien ne doit subsister derrière le phénomène. Ne reconnaissant aucune modification substantielle dans la deuxième édition de la *Critique de la raison pure,* il s'en tient à la première édition et fonde sa lecture sur l'imagination transcendantale.

[12] Bien que Husserl fasse valoir dans toute cette démarche, cette fois contre Kant, une « expérience transcendantale ».

[13] Fut-elle celle de « conditions de possibilité » ou d'opérations « constitutives » de la conscience intentionnelle. Encore faut-il en effet produire une véritable « légitimation » de la vertu transcendantale du transcendantal, pour ainsi dire. Pour ce faire, Heidegger couple l'idée selon laquelle le transcendantal correspondrait à ce qui relève de l'ontologie fondamentale (indication décisive qui se trouve dans le vol. 26 de la *Gesamtausgabe*) au concept d'« *Ermöglichung* » (possibilisation ou plutôt : redoublement possibilisant) qui confère au caractère conditionnant du transcendantal une légitimation auto-conditionnante (c'est en cela que consiste ici le « redoublement »). On en trouve des réalisations très

sont donc la mise au clair du rapport entre fondement de la métaphysique et *Critique de la Raison* ; l'instauration du fondement telle qu'elle apparaît à travers la *Critique* ; la théorie du schématisme ; la possibilité et place de la connaissance pure.

Ce renversement de perspective de la philosophie traditionnelle est ce qui nous fait poser la « Raison sensible pure » comme principe de l'ontologie fondamentale, la philosophie de Martin Heidegger qui est l'analytique du *Dasein*-fini loin du « Moi transcendantal » de Husserl et des perspectives philosophiques classiques. La sensibilité n'étant pas un ajout à la raison qui est essentiellement sensible, la « Raison sensible pure » cherche à rendre explicite les phénomènes, en tant que le lieu à partir duquel ceux-ci sont donnés et justifiés. L'homme, dans une telle perspective, cesse d'être un simple découvreur pour devenir « créateur de sens ». L'analytique de l'imagination transcendantale montre clairement que, parce que l'homme est un actif et non un contempleur, « la réflexion philosophique ne doit pas se borner à expliquer (à décrire ou à recenser) la réalité statique des phénomènes, mais elle doit en expliquer, par le moyen de l'herméneutique, les possibilités, c'est-à-dire ce qui, en eux, est susceptible de se développer, d'évoluer vers la production de nouveauté ». L'union de l'entendement et de la sensibilité ramène les deux facultés à leur fondement ultime lequel se situe à l'origine de leur unité et de leur différence.

L'ontologie fondamentale devient dès lors science transcendantale, ainsi que l'énonce le §7 de *Sein und Zeit: «* L'être est le *transcendens* pur et simple ». La transcendance de l'être du *Dasein* a ceci d'insigne qu'il y a en elle la possibilité et la nécessité de l'individualisation la plus radicale. La vérité phénoménologique devient une ouverture à l'être, une *veritas transcendentalis.* C'est ce qui distingue sa transcendance de la signification médiévale et nous la fait désigner comme une transcendance horizontale, c'est-à-dire tournée sur elle-même par opposition à toute transcendance verticale qui serait portée sur une réalité autre que soi-même. Heidegger parle plus précisément de transcendance « extatico-horizontale » (GA 49) au sens où l'être transcende l'étant pendant que le *Dasein,* étant « insigne », transcende l'étant dans la mesure où lui-même est transcendé par l'être. Il est un « transcendant-transcendé ». Cela explique que toute transcendance doit être transcendée un peu comme l'être n'est pas pensé à partir de l'étant mais comme l'être à partir de lui-même. Car le phénomène chez Heidegger met nécessairement en forme des éléments essentiels que sont le champ thématique, la perspective et la méthode que précise son approche de la phénoménologie : « *Phänomenologie ist analytische Deskription der Intentionalität in ihrem Apriori* ».

Ce qui permet d'associer la réduction, la construction et la destruction. En d'autres termes et suivant Karl-Otto Apel la méthode de l'ontologie fondamentale en tant qu'instauration du fondement de la métaphysique ramène la pensée à son

---

concrètes dans *Sein und Zeit,* dans les *Problèmes fondamentaux de la phénoménologie* et dans les *Concepts fondamentaux de la métaphysique.* Heidegger se rallie par là à un troisième concept fondamental du transcendantal – celui de Fichte (qui avait lui-même mis au centre de son acception du transcendantal un tel « redoublement possibilisant ») –, dont Heidegger a traité d'ailleurs dans le cours du semestre d'été de 1929 portant sur l'idéalisme allemand.

commencement : « à une reconstruction et une destruction critique de toutes les formes courantes de pensée dans la métaphysique et dans la science, puis de retrouver ainsi dans une certaine mesure l'espace de jeu d'une "pensée du commencement" telle qu'il subsiste encore... Cet espace de jeu pourrait établir dans l'histoire de l'être les présupposés d'une pensée postmétaphysique et post-technique, dans la mesure où celles-ci sont circonscrites comme une possibilité dans l'évènement (*Ereignis*) immémorial de l'éclaircie de l'être »[14].

Entre « ce qui se donne à connaître » et la possibilité cognitive qui en dispose, se dresse en premier lieu le statut ontologique du sujet connaissant. Dans l'acte de connaître, la recherche de certitude doit se reporter sur l'évidence du Soi. La *Lecture phénoménologique de Kant*, cours donné entre 1927 et 1928, fournit les indices de cet « *a priori* factuel » déjà évoqué dans le cours de 1923 sur L'*Ontologie herméneutique de la facticité*. Il ébauche l'en-quête sur l'existence humaine en vue d'en déterminer la transcendance de façon à arracher la connaissance de l'homme à son socle ontothéologique. Le § 31 de *Kant et le problème de la métaphysique*, fait resurgir dans le *corpus* heideggérien, la question de l'essence finie de l'humain comme le bouleversement métaphysique que le *Dasein* provoque dans l'ordre du fondement de la métaphysique. L'enjeu est que : « la problématique de l'instauration du fondement de la métaphysique ayant une relation intrinsèque à la finitude dans l'homme, il pourrait sembler que le développement de la temporalité dût se faire en fonction d'une détermination concrète de la finitude de l'homme comme être temporel. Car le temporel passe communément pour le fini même[15]. Et ce qui se constitue comme intuition de connaissance ontologique, c'est le temps »[16].

Loin de fonder un subjectivisme, le temps phénoménologique récuse les catégories traditionnelles de sujet et d'objet pour ouvrir un nouveau chemin à la connaissance[17]. Le schématisme kantien se pose dès lors comme le fondement de la possibilité même de la métaphysique grâce à laquelle, si nous voulons en tant qu'humain comprendre ce que nous sommes, nous ne pouvons pas délaisser cette finitude ni nous tromper à son sujet ; il nous faut au contraire la préserver[18]. Pour le saisir comme mode de connaissance à partir du rapport qu'entretient le *Dasein*

---

[14] APEL, K.-O., « Constitution du sens et justification de la validité », dans *Les Études philosophiques*, Paris, PUF, juillet-septembre 1990, p. 375.

[15] KPM, p. 294 « Le *Dasein* par cette essence s'expose métaphysiquement à prouver que c'est par le fini qu'il se réalise ».

[16] HEIDEGGER, M., *Interprétation phénoménologique de la Critique de la raison pure de Kant*, dorénavant cité (IPK), trad. MARTINEAU, E., Paris, Gallimard, 1982, p. 95.

[17] Toute la problématique de *Sein und Zeit* y fait allusion et le § 64, « Souci et Ipséité », justifie comment l'essence de l'homme ne peut être déterminée que dans l'horizon de la temporalité.

[18] Cette mise en garde est le processus le plus intime de son être-fini, c'est-à-dire notre plus intime devenir-fini. Il n'est de finitude que dans le vrai devenir-fini. On en retrouve les traces dans *Les concepts fondamentaux de la métaphysique, monde-finitude-solitude*, traduit de l'allemand par Daniel Panis, Paris, Gallimard, 1992, p. 22.

avec le « monde des choses », il faut sonder la temporalité originaire axée sur l'imagination transcendantale.

Posée désormais comme fondement, l'imagination transcendantale sort le sujet de son identification à une « *res* » (chose qui pense) pour le constituer comme le « Soi » égal à lui-même. Dans ce passage du « Moi » au « Soi » qui atteste que le « Soi » n'est rien de corporel[19], encore moins d'animal[20], mais qu'il manifeste une ipséité capable d'engendrer l'étant, Maxence Caron montre que « l'origine ontologique de l'ipséité humaine » se situe dans la « temporalité comme fondement de l'ipséité[21] ». À cette question de savoir « comment l'homme en tant qu'homme est un Soi, et comment par là il se sait soi-même[22] » s'est attelé Schelling dans ses *Recherches* sur l'essence de la liberté humaine[23]. Saisir l'essence de la liberté humaine dans sa quintessence, c'est renoncer à un théo-anthropo-morphisme qui consacre l'indifférence à la question de l'essence de l'homme, à cause de son relent anthropologique.

Notre perspective est celle qui contrairement à la métaphysique absolue revient sur ce qui fait l'essence même de l'homme dont peut naître une question sur la liberté et qui se veut questionnement sur la vérité de l'être[24] (*veritas transcendentalis*). Notre étude ne se contente pas d'une mise en confrontation de l'histoire de la philosophie entre métaphysique et phénoménologie. Certes, l'histoire de la

---

19 Cf. SOMMER, C., « La question du corps vivant (*Leib*) chez Heidegger, de *Zollikoner Seminare à Sein und Zeit* et retour », in *Alter*. Revue de phénoménologie, 21/2013, p. 205-220.

20 Cf. SOMMER, C., « Métaphysique du vivant. Note sur la différence zoo-anthropologique de Plessner à Heidegger », in *Philosophie*, n° 116 (hiver 2012), p. 48-77.

21 CARON, M., *Heidegger, Pensée de l'Être et origine de la subjectivité*, La nuit surveillée, Paris, Cerf, 2005, p. 704-751.

22 SCHELLING, F., *Recherches sur l'essence de la liberté humaine, 1809,* cité par Jean-François Courtine, *op. cit.*, p. 58. Mais il s'est reporté à l'anthropomorphie pour traiter de la question de l'essence de l'homme. Sa démarche s'est concentrée sur « la conquête d'un concept rigoureux du Dieu vivant », comme le souligne Heidegger dans son commentaire, parlant d'un théomorphisme dominant.

23 HEIDEGGER, M., *Les conférences de Stuttgart*, SW VII, 432, traduit de l'allemand par Jean-François Courtine et E. Martineau, dans Schelling œuvres métaphysiques (1805-1821), Paris, Gallimard, 1980, p. 213. « Si nous voulons nous former une idée de l'être originaire, de son être (*Sein)* et de sa vie, nous n'avons proprement le choix qu'entre deux aperçus : ou bien l'être originaire est pour nous un étant achevé une fois pour toutes et subsistant immuablement. Tel est le concept commun de Dieu, celui de Dieu de la religion naturelle et de tous les systèmes abstraits. Mais plus nous considérons ce concept de Dieu, et plus Dieu perd pour nous en vitalité, moins il peut être compris comme un être effectif, personnel au sens propre, et vivant comme nous. Si nous désirons un Dieu que nous puissions considérer comme un être pleinement vivant, personnel, alors il nous faut précisément aussi considérer Dieu de façon humaine, admettre que sa vie a la plus grande analogie avec la vie humaine, et qu'il y a en Dieu, à côté de l'être éternel, un devenir éternel, en un mot qu'il a tout en commun avec l'homme excepté la dépendance ».

24 SCHELLING, F., Recherches sur l'essence de la liberté humaine, 1809, cité par Jean-François Courtine, *op. cit.*, p. 58.

philosophie se décline à travers diverses traditions. Pour notre part, nous avons hérité d'une tradition rationaliste qui en partant de l'idéalisme platonicien connaîtra ses lettres de noblesses avec Descartes et Kant. Husserl, qui marque le tournant phénoménologique de la pensée contemporaine, n'est pas moins rationaliste. Mieux, le rationalisme de Husserl entend renforcer le *Cogito* cartésien en « Moi transcendantal ». Cette tradition rationaliste dans laquelle nous nous inscrivons en même temps que nous cherchons à nous en démarquer est celle que Heidegger loin de remettre en cause aura questionnée à nouveau. Pour Heidegger, si depuis Platon le rationalisme a engendré des couples d'opposition ayant engendré la dualité « Sujet/Objet », à l'ère de la phénoménologie, la pensée est essentiellement hors catégorie et récuse tout dualisme.

Ainsi la phénoménologie bien comprise est un idéal transcendantal qui surmonte tout dualisme. D'où notre question de départ se renouvelle et se précise. La recherche du « quelque chose » de toute pensée oriente dorénavant notre entrée en phénoménologie heideggerienne et tout en dépassant la tradition rationaliste d'une philosophie constituée en « science rigoureuse » ou réflexive (tradition ricoeurienne) ouvre la voie à l'irrationalité comme « pouvoir-être ». Cet irrationalisme loin d'une absence de raison, trouve dans l'expérience de la « Raison sensible pure », la raison d'être de tout phénomène originaire que seule justifie la phénoménologie ontologique comme ontologie phénoménologique.

PREMIÈRE PARTIE

La philosophie transcendantale au fondement de la phénoménologie ontologique

Le cours de 1927/8 (GA 25), Interprétation *phénoménologique de la Critique de la raison pure,* est le point de départ du renouvellement de la métaphysique selon l'ontologie fondamentale. On est loin d'une discipline ou d'un mode de la raison, en même temps qu'on y observe la raison elle-même se réalisant métaphysiquement, c'est-à-dire se questionnant. Comme il apparaît très nettement dans *Sein und Zeit* et plus explicitement encore dans la correspondance de Heidegger à l'époque de la parution de son premier chef-d'œuvre, les efforts philosophiques de Heidegger dans la seconde moitié des années 1920 (durant lesquelles il s'est occupé de toute évidence de très près de la philosophie théorique de Kant) visent à situer et aussi à positionner son propre projet d'une ontologie phénoménologique au sein de la tradition de la philosophie transcendantale. Ce cours de 1927/8 *Lecture phénoménologique de* la *Critique de la raison pure* en livre les indices qui permettent de déterminer le « Rapport entre fondement de la métaphysique et *Critique de la Raison* ».

L'interprétation de Heidegger consiste en une répétition, mais cette fois-ci phénoménologique, de la philosophie transcendantale. La répétition en phénoménologie vise à déployer les possibilités d'une pensée car la « phénoménologie dans son préconcept, constitue la condition première de possibilité d'un débat renouvelé »[25]. Avec Heidegger lecteur de Kant, ce débat « constitue, en la répétition de la re-fondation kantienne de la métaphysique comme science, à déterminer la tâche de la phénoménologie et à en assurer les "concepts fondamentaux" »[26]. En effet, « si tout connaître en général est primairement intuition et si tous les autres modes possibles du connaître qui se rapportent à l'objet sont au service de l'intuition, cela implique que même la connaissance synthétique *a priori* est primairement intuition, que même et surtout la connaissance ontologique c'est-à-dire philosophique est en première et dernière instance intuition... C'est justement cette conception, fondamentale pour la phénoménologie, qui suscite la résistance de la philosophie actuelle »[27].

Dans cette interprétation de Kant, on note que la « philosophie fait partie des efforts les plus originels de l'homme »[28]. Comme telle, la philosophie se garde de tout progrès mais sans manquer son avancée. Tout effort de vouloir la transformer en savoir l'obscurcit sans le savoir. « C'est pourquoi dit Heidegger, tout renouvellement en philosophie est le réveil du retour au même point »[29]. La philosophie demeure donc originairement la science du transcendantal :

> Toutes les sciences étant conçues du point de vue d'un intérêt général ne doivent pas être expliquées et déterminées selon la description

[25] COURTINE, J.-F., *Heidegger et la phénoménologie, op. cit.*, p. 111.

[26] *Idem.*

[27] HEIDEGGER, M., *Interprétation phénoménologique de la « Critique de la raison pure » de Kant*, trad. E. Martineau, Paris, Gallimard, 1982, p. 230-231. Désormais cité, IPK. Nous citerons également la numérotation des œuvres complètes. GA 25.

[28] *Ibid.*, p. 21.

[29] *Ibid.*, p. 22.

> qu'en donne leur fondateur, mais suivant l'idée qu'on trouve fondée... Car on trouve alors que l'auteur et souvent même ses derniers successeurs se trompent sur une idée qu'ils ne se sont pas rendue distincte à eux-mêmes, et ainsi qu'ils n'ont pu déterminer le contenu spécifique, l'articulation (unité systématique) et les frontières de la science en question[30].

Dans ce cas, « s'en tenir à la simple description littérale » de la philosophie transcendantale limiterait l'entreprise. Il faut un dépassement de ce que sa « première description a rendu visible ». Ce dépassement, loin de tout renversement de perspectives, déduit de l'entreprise kantienne une approche de la métaphysique comme science du sensible (1). L'ontologique déduite de l'ontique (2), la métaphysique cesse d'être une simple discipline méthodologique au profit de la raison humaine justifiant celle-ci comme subsistant en tant que métaphysique. C'est là qu'il faut envisager l'*a priori* nécessaire à toute connaissance en tant qu'un *a priori factuel* (3) en mesure de réaliser la possibilité de connaissance comme *Transzendenzstruktur.*

[30] KANT, E., *Critique de la raison pure,* B 862, cité par Heidegger, IPK, *op. cit.*, p. 22.

CHAPITRE I

Le projet d'une phénoménologie ontologique

L'ontologie phénoménologique de Heidegger, qu'il faut encore entendre comme phénoménologie ontologique, s'est élaborée dans la double appartenance à Husserl et à Kant donc entre la philosophie transcendantale proprement dite et le « Je transcendantal ». Mais Heidegger envisage d'aller plus loin que l'une et l'autre tout en comprenant la méthode de Husserl à partir du projet de Kant dont se réclame dorénavant l'ontologie fondamentale. Comprenons en quoi a consisté la « révolution copernicienne » de Kant (1) pour mieux cerner pourquoi Heidegger, en s'arrachant son Kant, ne cherche pas à se réfugier sous l'autorité d'une pensée mais mesure l'ampleur de celle-ci pour l'avènement du nouveau front philosophique (2).

Section I-1- Le sens de la « Révolution kantienne »

« La tentative de décrire le plus scientifiquement la façon dont le monde apparaît à la conscience dans la vie quotidienne »[31] qu'est la phénoménologie ne peut prendre en compte que l'existence humaine, la seule réalité qui se sait finie. C'est ce qu'a voulu Kant en procédant à une refondation de la métaphysique mais qu'il ne réalise qu'en réformateur de la métaphysique : *Reformater der Metaphysik.*

En parcourant cette réforme métaphysique comparée à ce que fit Copernic dans l'ordre des sciences physiques nous pourrons soutenir avec Heidegger que la philosophie transcendantale a laissé ouverte la brèche d'une réalisation de la métaphysique du *Dasein*. Pour accéder à la phénoménalité de ce phénomène originaire, la question est : « Vers quoi, à partir d'où et dans quelle libre dimension l'intentionnalité de la conscience trouverait-elle à se déployer, si l'homme ne se tenait déjà ekstatiquement ouvert à l'Ouvert de l'être ? »[32]. Cette ouverture à l'être est fondée par la nature finie de la raison. C'est la démarche de la philosophie transcendantale qui par son criticisme ne peut saisir le sens des choses sans refonder ce qui donne sens. On y voit non seulement le même objectif que chez Heidegger, mais aussi la réalisation des mêmes finalités à la différence que Heidegger part de l'être fini tandis que Kant se fonde sur le statut fini du raisonnable. Ce sont ces deux approches que nous aurons à harmoniser comme « Raison sensible » afin de déterminer l'horizon phénoménologique de notre compréhension du schématisme kantien.

---

[31] NANCY, J.-Y., *op. cit.*, p. 71.

[32] HEIDEGGER, M., Qu'est-ce que la métaphysique ? (1929), Préface de la 7e éd.

Si la vision de Kant s'inscrit dans une philosophie transcendantale qui fait de la raison humaine l'unique possibilité du savoir la « révolution copernicienne » est ce moment de l'histoire des sciences où fut décidée contre l'astronomie géocentriste de Ptolémée, une nouvelle orientation. Elle a consisté à abandonner l'ancienne vision du monde qui faisait tourner le soleil autour de la terre pour adopter le principe selon lequel c'est la terre qui tourne autour du soleil. Dans la même dynamique que Copernic dans le monde physique, Kant fut le premier dans l'ordre de la connaissance métaphysique à énoncer la possibilité de renverser les rôles du sujet et de l'objet. En effet, dans un contexte où l'on supposait que le sujet (l'esprit connaissant) se soumet passivement au réel phénoménal, recevant tout du monde extérieur sans avoir droit d'y ajouter quoi que ce soit, la métaphysique qui donne droit d'accéder à la raison sans aucune expérience de sa part, perd de son sens. Ce n'est qu'en supposant le contraire qu'elle recouvre sa validité. C'est la décision de Kant de critiquer la raison elle-même pour qu'elle assume la validité de ses connaissances.

La question posée par Kant est de savoir si la métaphysique peut tenir lieu de science au même titre que les mathématiques. Pour y répondre, il faut non seulement définir ce qu'est une science, mais aussi et surtout évaluer le critère de crédibilité de toutes les sciences existantes et l'appliquer par la suite à la métaphysique (§ 1). L'examen auquel Kant soumet les sciences vise à questionner la prétention de la métaphysique à se constituer en science (rigoureuse). La logique (§§ 2 et 3) les mathématiques (§ 6) la physique (§§ 7 et 8) et par la suite la métaphysique (§ 9) seront toutes soumises à l'analyse critique.

La certitude de la logique est en même temps sa limite. En tant que science portant sur les principes de validité de la raison, la logique n'a pas d'objet. Elle n'est donc pas une science à part entière. Elle ne sert que d'étoffe aux conditions d'établissement de la science. Elle reste fermée sur elle-même et ne fournit aucune connaissance. Les mathématiques quant à elles, apportent aussi une certitude mais contrairement à la logique, elles ont un contenu. Elles ne sont pas purement formelles bien que visant une connaissance exacte. Elles ne sont pas que de nature logique comme on l'a toujours prétendu (§ 5, 1789). En mathématiques, nous n'avons pas affaire qu'aux formes, concepts, il y a aussi une intuition. Ce qui fait dire à Kant que : « le premier qui démontra le triangle isocèle… eut une révélation ; car il trouva qu'il ne devait pas suivre pas à pas ce qu'il voyait dans la figure, ni s'attacher au simple concept de cette figure… Mais qu'il lui fallait réaliser (ou construire) cette figure, au moyen de ce qu'il y pensait… ».

La raison mathématique supposée dans ce paragraphe ne relève pas de purs concepts qu'on déduirait de la figure, ni d'une simple sensibilité qui nous renseignerait sur la figure par simple observation. La connaissance mathématique, que Kant ne détaille pas, repose plutôt sur notre rapport avec l'espace et le temps. C'est dans l'esthétique transcendantale qu'il aborde cette théorie du temps et de l'espace. On peut en déduire que pour Kant, les mathématiques sont une application de l'esprit à nos intuitions pures *a priori*. Ainsi l'expérience n'est possible que parce que l'esprit lui-même par intuition s'y applique. Le sujet qui possède *a priori* l'intuition pure qu'est le temps et l'espace s'y applique et ne se contente plus d'en recevoir passivement des concepts.

La physique pour sa part reste une connaissance empirique. Ce qui cependant, n'en exclut pas le pouvoir de la raison. Kant dit en effet : « Faites au hasard et sans aucun plan tracé d'avance, nos observations ne se rattacheraient point à une loi nécessaire, chose que la raison demande et dont elle a besoin ». La physique aussi tient rang de science dans la mesure où la raison humaine interroge le réel et le soumet à ses propres lois. Par élaboration de lois et théories (raison *a priori*) le phénomène est validé par des expériences. On parle de science expérimentale et théorique. Il y a même ici un haut degré de scientificité. Car contrairement aux mathématiques qui s'en tiennent à l'intuition pure, la physique est une connaissance ordonnée qui projette ses concepts sur l'expérience. De toutes ces sciences, c'est la métaphysique qui pose véritablement un problème. Au § 9 Kant constate que : « la métaphysique, connaissance spéculative de la raison tout à fait isolée et qui s'élève complètement au-dessus des enseignements de l'expérience par de simples concepts (et non pas, comme la mathématique en appliquant ses concepts à l'intuition), et où par conséquent, la raison doit être son propre élève, n'a pas encore eu jusqu'ici l'heureuse destinée de pouvoir s'engager dans la voie suprême d'une science »[33]

Dans ce même paragraphe, le penseur de Königsberg énonce les raisons qui le font se questionner sur la validité scientifique de la métaphysique. D'abord, avec elle, aucune certitude ne peut s'imposer dans la durée. Ensuite, personne n'en détient le monopole du savoir. Dès lors se pose plutôt la question de la méthode appropriée pour aborder la connaissance métaphysique. Mais on ne peut l'aborder sans établir d'abord une compréhension de fond de ce qu'elle est et ce qu'elle vaut. C'est pourquoi la définition kantienne de la métaphysique tente de la restituer par la méthode et la faculté dont elle use en vue de la connaissance. Connaissance spéculative usant de concepts sans intuitions (méthode) et axée sur la raison (faculté) hors l'expérience, la métaphysique, loin d'une science, a pour principe intelligible la raison spéculative grâce à laquelle le sujet pensant s'efforce d'atteindre une connaissance certaine, indépendante de toute expérience. C'est déjà la vision de Leibniz à laquelle Kant ne cesse de se rapporter.

Elle serait la science suprême dont le principe, la raison ayant fondé toutes les autres sciences, reste la seule validité de toute connaissance. Une telle approche cache sans aucun doute un certain dogmatisme. Mais ce qui lui confère sa notoriété vient du fait qu'elle interroge ce qui semble évident. Kant identifie d'ailleurs la métaphysique à un questionnement relatif à l'existence de Dieu, l'immortalité de l'âme, l'existence du monde. Il se servira fondamentalement de l'expression « Jugement synthétique *a priori* » pour l'identifier avec l'effort de la pensée à connaître le monde. Par jugement synthétique *a priori*, il faut entendre toute analyse qui se rapporte à l'exclusivité du pouvoir de la raison à fournir une connaissance (d'où le sens de synthétique). Lorsque de tels jugements se rapportent à l'expérience, on parle de jugements synthétiques *a posteriori*. Dès lors, la question que va se poser Kant et qui va décider de la validité de la métaphysique est de savoir si une con-

---

[33] KANT, E., *Critique de la raison pure*, 1re éd., 1781 (A), §§ 6-9 Trad. d'A. Tremesaygues et B. Pacaud. Paris, PUF, 1975.

naissance est envisageable indépendamment de l'expérience : Comment les jugements synthétiques *a priori* sont-ils possibles ? Existent-ils vraiment des jugements synthétiques *a priori* ? Il n'est pas évident de résoudre une telle préoccupation étant donné qu'en métaphysique, tout évolue par purs concepts au gré de la logique conceptuelle. C'est la conséquence du conflit métaphysique qui a fait naître les trois grandes tendances métaphysiques traditionnelles : le dogmatisme (Wolf et Leibniz[34]) le scepticisme (David Hume[35]) et le criticisme lui-même.

Pour Kant, le dogmatisme de la raison l'a perdue et a consacré son échec en métaphysique. De même, on ne doit jamais céder au scepticisme qui consacre l'incapacité de la raison. L'attitude à adopter, celle du criticisme, consiste à remettre la raison en cause, à évaluer sa propre capacité de connaissance. En optant pour l'attitude critique, encore appelée transcendantale, Kant affirme la positivité de la raison en tant qu'acceptation de sa propre limite comme « préparation nécessaire au développement d'une métaphysique établie en tant que science »[36].

La philosophie transcendantale de Kant va s'appliquer à établir les conditions de possibilité de la connaissance (transcendantale), en montrant comment, en partant de la réalité des sciences, on peut accéder à leurs conditions de possibilité. C'est cette attitude critique qui va être à la base de la révolution copernicienne par laquelle la raison et la métaphysique retrouvent leur sens. Il s'agit dorénavant d'appliquer la méthode critique à la raison pour que la métaphysique accède à la scientificité : « Peut-être jusqu'ici ne s'est-on que trompé de route : quels indices pouvons-nous utiliser pour espérer qu'en renouvelant nos recherches nous serons plus heureux qu'on ne l'a été avant nous ? ». Dans cette nouvelle stratégie envisagée comme idéalisme transcendantal, Kant recourt à la centralité du sujet connaissant. En effet, souligne-t-il, « l'expérience elle-même est un mode de connaissance qui exige le concours de l'entendement, dont il me faut présupposer la règle en moi-même, avant que les objets me soient donnés, par conséquent *a priori*, et cette règle s'exprime en des concepts *a priori* sur lesquels tous les objets de l'expérience doivent nécessairement se régler et avec lesquels ils doivent s'accorder... nous ne connaissons *a priori* des choses que ce que nous y mettons nous-mêmes »[37].

La source de l'*a priori*, ce dont on dispose avant toute expérience, n'est nulle part sinon dans les structures mêmes de l'esprit humain. L'expérience fournit la

---

[34] Christian Wolff, continuateur de la pensée de Leibniz, fut le maître de Kant. Pour lui, le monde est régi par la raison souveraine. Leibniz disait que l'existence ne peut être mise en doute parce qu'elle est fondée en raison. Cette raison logique est portée par des principes de la logique formelle. En critiquant cette métaphysique, Kant refuse de faire de l'existence, l'absolue position d'une chose, une déduction conceptuelle. Par conséquent, la relation causale de la raison est extralogique.

[35] En critiquant ses maîtres, Kant s'appuie sur la physique de Newton et questionne profondément la nature de la raison afin d'en déterminer une structure autre que celle logique. C'est pourquoi il conteste également le scepticisme de Hume au sujet du monde, de l'existence.

[36] KANT, E., *Critique de la raison pure*, 1re éd., 1781 (A), § 16.

[37] *Ibid.*, § 11.

matière à laquelle l'esprit imprime une forme. L'essentiel est joué par l'esprit, source de toute formation. Cette théorie kantienne de la connaissance appelée idéalisme transcendantal, définit clairement que l'esprit « a en lui une structure *a priori* (tout évènement à une cause) » grâce à laquelle il élabore l'apport de l'expérience aussi bien en donnée sensible qu'en ordre intellectuel. Cette suprématie du sujet connaissant dans l'ordre métaphysique repose sur sa faculté de connaissance : la raison. Cette raison finie, le propre de l'homme, est à la fois *a priori* et synthétique. La raison est *a priori* parce qu'entre elle et l'expérience il y a une nécessaire conformité. C'est par les lois logiques du sujet connaissant qu'advient la possibilité de l'objet à connaître. Cette connaissance est synthétique parce qu'elle se compose d'un contenu qui est la condition d'élaboration des conditions de l'objet à connaître. Elle fournit des concepts pour la compréhension du monde de l'existence. C'est le rôle que Kant assigne à la logique transcendantale qui détermine les trois modalités qu'il reconnaît à la raison pure : sensibilité (forme *a priori* de l'espace et du temps) ; entendement (conceptualisation de l'objet) et la raison proprement dite (application des concepts indépendamment de l'expérience). Comment les concepts de l'entendement s'appliquent-ils à l'intuition sensible ?

Le chapitre sur la Déduction transcendantale tente de le démontrer. Résumant toute la problématique kantienne, la déduction transcendantale procède à l'analyse de la connaissance sensible avec la connaissance conceptuelle. L'expérience n'ayant pas de validité objective en dehors de l'entendement, c'est encore elle qui limite le déploiement de l'entendement. À lui seul l'entendement ne peut être une faculté de connaissance. Les catégories de l'entendement ne s'accordent qu'à partir de l'intuition sensible et s'y appliquent au point de s'y réduire. L'entendement rend l'expérience possible et ne peut en extrapoler la possibilité. Le monde des choses en soi lui est complètement fermé. Les catégories ainsi énoncées confirment l'acte suprême de l'esprit humain comme « Je transcendantal » ou « Je pensant ». Celui-ci, tout en constituant le fondement exclusif de l'expérience, n'a cependant aucun contenu propre. Son enjeu se reporte aux objets. La dialectique transcendantale va démontrer que malgré le rôle muet joué par les idées de la raison pure, parce que n'ayant aucune valeur de connaissance, elles attestent cependant de la limitation de l'esprit humain. Le point fort de la critique est de montrer que les éléments *a priori*, bien qu'étant à la base de l'expérience, n'en dépassent pas l'effectivité.

Il serait illusoire pour la raison pure de prétendre connaître les trois objets de l'esprit humain que sont l'Âme, le Monde et Dieu. Leur possibilité n'advient qu'à la limite stricte de la raison pure. Le projet métaphysique de Kant a échoué face à l'incapacité de la raison d'élucider les problèmes métaphysiques que sont l'Âme, le Monde et Dieu. Mais cet échec n'est-il pas la confirmation du pouvoir de la raison à connaître dans la mesure où elle prend conscience de sa limite à ne connaître que l'expérience ? Kant répond positivement en s'appuyant sur la portée de la liberté humaine de laquelle il déduit les deux propositions primordiales de la métaphysique : l'Âme immortelle et l'existence de Dieu. Ces deux postulats, loin d'être des objets de connaissance, restent soumis aux exigences de la raison pure et pratique. De cette combinaison de la raison surgit l'acte moral, incompréhensible sans la liberté.

Or la liberté est objet de connaissance. Mais cette connaissance n'est effective que par réflexion sur l'activité morale. Pour percevoir la combinaison entre science et morale, entre raison pratique et raison pure, il faut attendre la *Critique de la faculté de juger*. Pendant que la *Critique de la raison pure* énonce les conditions de possibilités de la science en vue de la destruction de la métaphysique, la *Critique de la raison pratique* quant à elle montre que la morale est une restauration des objets de cette métaphysique. La *critique du jugement* vise à résoudre les problèmes suscités par le croisement des deux premières Critiques. Il y a là la science du phénomène, l'apparence, et celle du noumène, la chose en soi qui consacrent et maintiennent le dualisme de la pensée de Kant. Face à ce dualisme, peut-on alors dire que Kant en renouvelant sa méthode critique a réussi à reconstituer la métaphysique comme science ? L'appui sur les sciences de la nature qui confère l'exclusivité à la raison n'a-t-il pas trahi la prétention de la philosophie à dépasser une simple interrogation sur les résultats de la science ? En quoi l'ontologie fondamentale réalise-t-elle la métaphysique voulue par la philosophie transcendantale tout en se maintenant dans ce « *factum* inexorable » qu'est le sujet transcendantal et qui fait le nœud du système kantien en tant que philosophie conséquente innovatrice d'un nouveau point de départ ?

Section I-2- Penser le sens de l'être

Alexander Schnell dans son *De l'existence ouverte au monde fini. Heidegger 1925-1930*, insiste sur la spécificité de la méthode phénoménologique pour penser l'être dans la vision de l'ontologie fondamentale[38]. Celle-ci est intrinsèquement liée à la vision de la philosophie transcendantale au point qu'il nous faut souligner qu'il ne s'agit plus de thématiser l'être mais de fonder *une philosophie qui cherche à comprendre le sens de l'être*. La clarification de cette méthode d'approche qui ne s'applique pas de l'intérieur à l'être mais le révèle comme tel est ce qui marque radicalement la phénoménologie comme renouveau méthodologique. Par elle, on constate « qu'alors que la lecture dominante de Kant au tournant du siècle était la lecture néo-kantienne qui réduisait l'auteur de la *Critique de la raison pure* au fondateur d'une théorie de la connaissance au sens des sciences de la nature, en particulier de la physique mathématique, Heidegger a dû se réapproprier son Kant ».

Nous suivons les analyses de Schnell pour fonder cette spécificité phénoménologique de l'ontologie fondamentale. On est ici loin de toute thématisation de l'être comme ce fut le cas de l'ontologie traditionnelle encore appelée ontologie métaphysique. Suite en effet à sa lecture des *Recherches logiques de Husserl*, Heidegger appréhende la nécessité de poser la question de la connaissance au-delà d'une simple logique logicisante. Il s'agit avant tout de réévaluer le sens du transcendantal qui fonde toute connaissance et le montrer « susceptible d'une forme

---

[38] SCHNELL, A., *De l'existence ouverte au monde fini. Heidegger 1925-1930*. Paris, Vrin, 2005.

d'expérience spécifique, ne se réduisant pas à une expérience sensible »[39]. C'est ce que la phénoménologie comme méthode tente de fonder.

La radicalisation heideggerienne de la phénoménologie comme méthode pour penser l'être est similaire à la démarche de Kant qui critique le statut de l'*a priori* de toute connaissance. La phénoménologie comme méthode impose une neutralité métaphysique qui exige de se débarrasser de tout préjugé en opérant le « retour aux choses mêmes ». Or, pour le penseur du sens de l'être, la chose à laquelle il faut revenir est l'être, objet de toute philosophie. Contre des siècles de son élaboration à la suite d'un platonisme peu cerné, la question de l'être est tombée dans l'oubli. Ceci aux deux sens du génitif, objectif et subjectif. Le combat des géants (*ousigantomachie*) qu'a engendré cet oubli, ainsi que l'énonce *Être et Temps* dès ses premières lignes ne peut être résolu qu'à travers cette attitude phénoménologique qui ne se satisfait plus d'aucune réponse définitive. Toute constitution du sens doit remettre en cause tout cadre gnoséologique, ontologique, métaphysique, préétabli ou préconstitué. C'est cette mise entre parenthèses que souligne l'*épochè* de Husserl et sa réduction phénoménologique. Bien que Heidegger adhère à la nécessité de cette attitude de non-préjugé, aucune mise entre parenthèse ou réduction ne prévaut dans sa pensée. Aucune opposition entre phénomène et noumène n'est envisageable dans l'accès à la phénoménalité. Le phénomène par excellence auquel il faut revenir est celui dont il faut partir : le « Là » de l'être-là, ce « Quelque chose » qui fonde toute connaissance et qui donne à penser.

Parce qu'en amont ou en aval de l'être, plus rien ne préexiste. En revanche, souligne Schnell on note chez Heidegger « une réduction phénoménologique » contrairement à l'être objectivant de Husserl qu'il a critiqué : « Dans *Les problèmes fondamentaux de la phénoménologie*, il nomme "réduction phénoménologique" la "reconduction du regard phénoménologique de la saisie de l'étant à la compréhension de l'être de l'étant" »[40]. Le rapport du sujet philosophique à l'être est si fondamentale qu'en phénoménologie plus que toute autre approche « tout acte philosophant s'inscrit dans un horizon ontologique qui se présente comme désoccultation occultante ou une occultation désoccultante » par laquelle on atteint une pensée décatégorisée voire une totalité intotalisable pour emprunter le titre de Philippe Grosos dans sa *Phénoménologie de l'intotalisable* de 2013. Schnell précise à cet effet que « l'absence d'une métaphysique ne signifie pas pour Heidegger que l'on puisse faire abstraction d'un *factum* fondamental »[41]. C'est ce que nous poserons plus loin comme « *a priori factum* » et sur lequel reviendra notre conclusion comme « transcendance finie » alors que le chapitre central de notre étude aura été de comprendre l'analytique de l'imagination transcendance comme « Raison sensible pure » à laquelle seule la finitude ontologique confère tout son sens.

C'est la compréhension de ce sens qui nous fait tenir le pouvoir-être de l'être là comme possibilité d'ouverture. Cette ouverture qui n'est aucunement une pré-

---

[39] *Ibid.*, p. 17.

[40] *Ibid.*, p. 20.

[41] *Ibid.*, p. 22.

sence marque aussi bien l'être par sa donation et son retrait que l'étant auquel l'être se donne qui reste inobjectivable, le *Dasein* ou le « *In-der-Welt-Sein* ». Pour le dire avec Kant, précise Schnell, l'être est « autant condition de possibilité de quelque chose qu'il est impossible d'en avoir une expérience ». L'idée du retrait de l'être est une radicalisation ontologique du transcendantalisme kantien. Car pour Kant aussi le transcendantal se dérobe à la connaissance. C'est ce dont l'ontologie fondamentale se prête désormais garant afin de ramener la question de l'être à son essence ontologique. On soutient avec Schnell que « la réduction du kantisme à la fondation d'une connaissance scientifique ne peut être surmontée qu'à travers un "retour aux choses mêmes", c'est-à-dire par une analyse des phénomènes constitutifs non seulement de la connaissance, mais de tout objet d'une expérience possible »[42].

Imposant désormais cet itinéraire comme notre chemin de pensée, nous ne faisons que revenir « à la lettre » kantienne et donc à une phénoménologie comme science transcendantale qu'il faut cependant distinguer comme phénoménologie ontologique. Pour être donc comprise comme ontologie phénoménologique, l'ontologie phénoménologique se donne pour tâche de reconsidérer le statut du transcendantal déjà posé par Kant mais voilé au cours des lectures néo-kantiennes qui ont limité le projet du penseur de Königsberg à l'épistémologie pure et simple (connaissance scientifique). Le transcendantal, « loin d'être une simple logique de la connaissance, doit être susceptible d'une forme d'expérience spécifique, ne se réduisant pas à une expérience sensible à laquelle ouvre précisément » la « Raison sensible pure ». Comment sous le même rapport, la raison faculté de connaître peut-elle être à la fois sensible et pure ?

---

[42] *Ibid.*, p. 17.

CHAPITRE II

La science de l'être en question

On suivra ici l'analyse du cours sur l'*Interprétation phénoménologique de Kant,* dispensé en hiver 1927 qui situe la scientificité de l'ontologie fondamentale dans sa ligne kantienne. On sait que la philosophie transcendantale envisage une mise en évidence des conditions de possibilité de toute connaissance de l'objet en tant que celle-ci doit être possible *a priori*. Ce qui n'exempte pas du questionnement sur le statut des facultés du connaître. C'est d'ailleurs ce que fit la *Critique* en rejetant toute déduction de connaissances hypothético-déductives qui serait plutôt dogmatique. Kant rejette tout dogmatisme dans l'ordre de la connaissance. Grâce à la méthode phénoménologique telle que nous l'avons explicitée, une réévaluation du statut du transcendantal dans l'ordre de la connaissance s'impose dans la mesure où sa quête reste le point de liaison de la philosophie transcendantale et de l'ontologie fondamentale. En s'imposant la même démarche critique, Heidegger montre que l'ontologie fondamentale, c'est-à-dire le questionnement à neuf de la question de l'être, justifie tout questionnement ontologique comme une science suprasensible du sensible (1) et la détermine en tant que connaissance ontico-ontologique (2).

Section II-1- Science suprasensible du sensible

Que puis-je savoir ? Que dois-je faire ? Que m'est-il permis d'espérer ? sont respectivement des questions de la volonté, de la liberté de l'immortalité de l'âme et de l'existence de Dieu. Elles sont dites des questions métaphysiques. C'est en fonction de son manque que l'homme peut se questionner métaphysiquement. La métaphysique est une exigence de la contingence humaine. Elle devient cette contingence elle-même dans la mesure où sa nécessité est l'expression du sujet en manque ou en besoin de combler un manque existentiel qui devient possibilité à aller au-delà de toute effectivité. D'où les questions métaphysiques fournissent à l'homme une attitude pratique (ce qu'il faut faire), en tant que disposition pratique de la raison en conformité avec l'action humaine. Or tout acte humain est visible à partir des sens. Les sens révèlent donc l'imperceptible qui est le fondement du sensible

Le sensible est ce qui se laisse voir à travers les sens pendant que le suprasensible est ce qui rend visible le sensible sans être perceptible. Est donc *invu* ce qui fonde le visible. Pour déterminer ce fondement qu'il suppose incompris, Heidegger constate, suivant la ternaire kantienne, que la question métaphysique est toujours posée par un sujet fini. La raison spéculative semble avoir très peu d'intérêt face à l'évidence de ces questions incontournables de la nature humaine. Ces questions qui métaphysiquement visent le suprasensible, proviennent « de la nature de la raison humaine universelle »[43] montrant ainsi que la métaphysique est une « disposition naturelle ». Mais on ne peut s'accorder à l'évidence de la métaphysique naturelle élaborée par cette ternaire sans se demander comment, au sein de chaque questionnement, s'éclaire le principe de la « connaissance synthétique *a priori* ». Est-ce que cette métaphysique naturelle remplit la condition préalable à toute science, celle d'être dotée d'une connaissance *a priori* ? Avant de voir comment la lecture phénoménologique de cette ternaire kantienne explicite une vision de la connaissance synthétique *a priori*, intéressons-nous à ce qui rend la métaphysique impossible comme science théorique du suprasensible pour n'en faire qu'une science suprasensible du sensible, voire une science théorico-pratique.

En vérité, la raison pure est limitée dans ses possibilités. Elle ne peut accéder à la connaissance de l'objet dans son entièreté. C'est pourquoi la « Critique » dévoile à la métaphysique ses propres limites. De même, la refondation de la métaphysique atteste de l'inaccessibilité de toute connaissance théorique *a priori* c'est-à-dire de toute connaissance ontologique. Cette apparente impossibilité fait découvrir à la métaphysique théorico-dogmatique ses bornes afin de faire de la métaphysique une discipline pratico-dogmatique[44]. Dès lors, l'intérêt de la *Critique de la raison pure* est de redonner une signification à toute la métaphysique comme l'explicite Kant lui-même dans la *Doctrine transcendantale de la Méthode*[45]. Il en ressort une philosophie de la raison pure, une métaphysique, dans la mesure où la *Critique* n'est qu'une « propédeutique qui examine le pouvoir de la raison par rapport à toute connaissance philosophique »[46].

La métaphysique se voit même délimitée comme système à la fois spéculatif et pratique, et sa tâche est de « présenter toute connaissance pure *a priori* en son unité systématique »[47]. À la partie théorique[48] Heidegger rapporte la connaissance de l'étant sous-la-main, c'est-à-dire la métaphysique de la nature montrant que la métaphysique de l'étant « en tant qu'il est » est la métaphysique de la nature[49].

---

[43] KANT, E., *Critique de la Raison Pure*, B. 22, trad. A. Tremesaygues et B. Pacaud, Paris, Quadrige, 2012.

[44] IPK, p. 73.

[45] KANT, E., *Critique de la Raison Pure*, B 869, A 841. Doctrine transcendantale de la Méthode, chapitre troisième.

[46] *Idem.*

[47] IPK, p. 74.

[48] La partie pratique de la métaphysique se rapporte à l'étant qui doit être, en tant qu'il est.

[49] Toutefois cette métaphysique de la nature est hiérarchisée en deux disciplines qui n'en sont aucunement deux subdivisions. Il y a la constitution de l'étant en général, dans sa nature générale qui n'est pas encore l'étant-sous-la main. C'est la nature formelle, « premier principe interne de tout ce qui appartient à l'existence ». Principe interne de l'étant en général, et qui reste modifiable. Cette métaphysique de la nature au sens formel est la philosophie transcendantale ou l'ontologie. Elle se distingue de la métaphysique de la nature « nature en sa signification matérielle » fondée sur la philosophie transcendantale. Elle se rapporte aux objets du sens externe (la nature matérielle) et aux objets du sens interne (la nature pensante). Elle engendre la physiologie qui reste liée à la métaphysique

Cette nature formelle (physique) est le fondement de la philosophie transcendantale. Encore ontologie, Kant y assimile la métaphysique de la nature, désignant par nature un domaine précis de l'étant sous-la-main. Il en résulte que la *Critique,* pré-ordonnée à toute la métaphysique, cesse d'être une simple théorie de la connaissance des sciences pour s'entendre comme « la re-fondation de la discipline fondamentale de la métaphysique, la re-fondation de la philosophie transcendantale, c'est-à-dire de l'ontologie, de la science de la constitution d'être de l'étant en général, de la nature au sens formel »[50].

À sa base, l'entreprise kantienne met en œuvre une ontologie universelle de l'étant sous-la-main. Ce qui l'exempte d'être limitée à une théorie de la connaissance à la manière des sciences mathématiques. Ne se préoccupant pas d'une ontologie de la nature matérielle mais de « l'étant sous-la-main en général », celui-ci est ontologiquement prédéterminé en ce sens que toute réalité ontique est ontologiquement déterminée. Il n'y a pas de réalité dépourvue d'en soi. Toute réalité n'est perceptible que parce que fondée en soi. C'est pourquoi on parle de la métaphysique comme science suprasensible du sensible c'est-à-dire que toute connaissance ontique est nécessairement ontologique. On parle de la connaissance comme d'une science ontico-ontologique : c'est le principe de l'ontologie fondamentale heideggerienne.

Section II-2- Science ontico-ontologique

Comment comprendre que c'est une connaissance ontologique qui est préalable à toute connaissance ontique ? Quelle est la nature de cette connaissance ontologique au regard de la réalité parue ? Pour Heidegger et ce pour toute la phénoménologie, l'être est l'apparaissant. Autrement dit, ce qui est, c'est ce qui apparaît et il n'y a de paraître que de l'apparu. Ce qui se voit n'est-il pas ce qui est manifesté ?

La *Critique de la raison pure* qui s'est voulue une refondation de la métaphysique en tant que science s'est préoccupée du statut de la raison disions-nous. En quête de connaissance théorique elle s'est contentée de la raison théorique humaine. À la raison, Kant associe l'entendement, faisant de la raison et de l'entendement les concepts clés pour comprendre le pouvoir de penser en ce sens que « penser c'est se représenter quelque chose par concept »[51]. Aussi général qu'il soit, le concept est le principe spéculatif qui sert à codifier des singularités. La raison reste « le pouvoir des principes ». Elle s'oppose à la sensibilité, qui « reste le

---

traditionnelle qu'éclaire cette division. La philosophie transcendantale peut être assimilée à la *metaphysica generalis,* tandis que la physiologie et avec elle la cosmogonie et la théologie correspondent à la *metaphysica specialis.*

[50] IKP, p. 77-78.

[51] IPK, p. 57.

pouvoir supérieur de connaître », le « pouvoir de connaître les principes de la connaissance *a priori* »[52].

La connaissance *a priori* désigne une connaissance par concepts. Elle évoque la possibilité spéculative indépendamment de toute expérience. Toute connaissance acquise comme telle et pour elle-même est dite connaissance *a priori*. Tout ce qui est rationnel relève de la connaissance *a priori*. La raison en tant que faculté est « le pouvoir des principes de la connaissance *a priori* » parce qu'elle est en même temps pouvoir des concepts et pouvoir des règles. Une raison est dite pure du fait qu'elle détermine une connaissance pure exemptée de toute expérience. La métaphysique classique que Kant qualifie de théorico-dogmatique est cet exemple de connaissance « *aprioritique* ». Néanmoins, une certaine expérience n'en est pas exclue, qui peut faire advenir le contenu des concepts dont elle use. Elle n'est pas absolument pure. Elle est *aprioritiquement* une connaissance qui ne recourt aucunement à l'expérience mais s'en tient exclusivement à la pensée et à la raison.

Précisons tout de même que, au sens kantien, il n'y a pas de connaissance sans liaison entre intuition et concepts : « Sans sensibilité, nul objet ne nous serait donné, et sans entendement nul ne serait pensé. Des pensées sans contenu sont vides, des intuitions sans concepts sont aveugles »[53]. Cependant Kant a su aménager une possibilité pour le connaître divin infini comme *intuitus originarius*, et a posé le connaître humain comme connaître fini : *un intuitus derivarius*. Heidegger ne se préoccupe point de *l'intuitus originarius*. Il ne l'envisage même pas comme possibilité de la pensée finie. L'*intuitus originarius* est pour lui une possibilité à penser. Il souligne que : « la finitude du connaître humain consiste donc en ceci que l'intuitionné est donné d'ailleurs à une intuition au lieu d'être produit par elle et non point en ce que l'homme connaîtrait quantitativement moins que Dieu. La finitude du connaître humain réside dans l'être jeté *Geworfenheit* »[54].

Cette approche radicalise la sensibilité comme point de départ de tout connaître, alors que Kant aurait souscrit à une donation. Heidegger réfute cette possibilité en faisant savoir que : « la sensibilité est donatrice d'intuition et intuitionner fini. L'intuition n'est pas finie parce qu'elle reposerait sur le fonctionnement des organes sensoriels, au contraire c'est parce que l'intuition est finie que les organes des sens sont possibles et leur fonctionnement »[55]. Dans ce cas, envisager une connaissance ontologique préalable à toute connaissance ontique consisterait à ramener l'ordre de la connaissance à nos pensées, à régler l'objet sur notre entendement. Une telle démarche est contraire à la métaphysique traditionnelle qui pose la connaissance à partir de l'objet. Kant, et Heidegger à sa suite, n'admettent de connaissance que d'un étant, un objet posé comme présent, une représentation. Comment sont donc possibles les jugements analytiques synthétiques ?

---

52 KANT, E., *Critique de la Raison Pure*, B24, cité par Heidegger, IPK, p. 57.

53 KANT, E., *Critique de la Raison Pure* B 74 *sq*. A 51.

54 IPK, p. 97.

55 IPK, p. 97-98.

La réponse objective que Heidegger tente d'apporter vise plutôt à montrer que « tout » reste doté d'une connaissance préscientifique qui rend possible sa scientificité. Pour lui la raison pure n'a aucune autre préoccupation que de s'éprouver comme « Raison sensible pure », nous y reviendrons. Toute réalité qui se donne, se donne avec son *a priori* qui n'est perceptible qu'à l'horizon de la facticité déployée par la réalité. Toute réalité est phénoménologico-ontologique ou pour ontologico-phénoménologique ; on parlerait de réalité ontophénoménologique. Qu'en est-il de l'*a priori* et comment se détermine-t-il comme un *a priori* factuel ? Pour y répondre, s'impose une herméneutique de la facticité telle que Heidegger en aurait posé les bases depuis les cours de jeunesse intitulés : « Ontologie. Herméneutique de la facticité ». C'est cette facticité posée comme *a priori* qui fonde dorénavant l'ipséité humaine en cause.

CHAPITRE III

En-quête de l'*a priori* factuel

La critique de la *Critique* justifie la possibilité de la connaissance théorique, c'est-à-dire de la science en général. Par raison, Kant entend le pouvoir de penser dont dispose la personne humaine, qu'il assimile à l'entendement et qu'il oppose à tout empirisme. On y voit un « pouvoir supérieur de connaître » indépendamment de toute sensibilité : « la raison est le pouvoir qui fournit les principes de la connaissance *a priori* »[56]. On sait que pour Kant l'idéal d'une science de l'étant est la mathématique. La problématique kantienne reste fondamentale en tant qu'elle se saisit de l'étant comme un *Vorhanden* (étant sous-la-main) à l'exemple de l'étant nature dont il faut chercher les conditions de possibilités comme science de la nature et non comme une « théorie de la connaissance ». Il s'ensuit que la raison est le pouvoir de juger des principes *a priori* en même temps qu'elle rend évidents sous le même rapport et concomitamment des jugements synthétiques *a priori*. Qu'en est-il de leur nature ?

Ce n'est point ce que vise la critique de la *Critique*. Celle-ci, en fonction de sa compréhension de l'homme sous le mode du *Dasein,* cherche à cerner, sous le pouvoir du questionnement métaphysique de la raison, un *a priori* factuel qui soit l'essence de l'être humain et qui soit configuré à son essence. Il y a donc pour Heidegger corrélation entre existence et essence. C'est cet *a priori,* c'est-à-dire ce qui rend l'existence humaine configurée, qu'il faut rechercher. Celui-ci se déploie dans l'expérience en tant que mode *a priori* de la connaissance. La détermination de l'expérience comme fondement pose alors la question de l'*a priori.*

Par son étymologie latine, *prior*, l'*a priori* est « ce qui vient avant, ce à partir de quoi ; ce qui est antérieur à ». Est donc *a priori*, tout ce que l'on peut supposer antérieur à l'expérience. Une connaissance est dite *a priori* lorsqu'elle précède logiquement, c'est-à-dire indépendante de l'expérience. C'est bien ainsi que Kant l'envisage en l'excluant d'office de l'empirique, du factuel. Mais pour Heidegger, un fondement hors de l'expérience ne peut être envisageable dans la mesure où l'essence n'est supposée qu'à partir de l'existant. Ce qui n'amène pas à déduire l'existence de l'essence comme l'a fait Descartes chez qui l'*a priori* fait école. Mais il est question avec Heidegger d'un *a priori* factuel en ce sens que l'essence est une figure de l'existant. L'un fait corps avec (*cum*) l'autre. Cette conception de l'*a priori* montre que la connaissance ontologique est la connaissance *a priori* mais n'est perceptible qu'en fonction de la facticité. La facticité devient transcendantale comme l'aura montré le cours de 1923 *Ontologie. Herméneutique de la facticité* où la thématique apparaît d'ailleurs pour la première fois et vise à fonder la transcen-

[56] IPK, p. 57.

dance à partir de l'existence humaine tout en arrachant celle-ci à son socle « onto-théologique ».

C'est cette même conceptualité que l'analytique existentiale de 1927 mettra en œuvre dans *Être et temps* en termes de *Dasein.* Comme on peut le comprendre, l'inachèvement d'*Être et temps* ne tient pas dans l'impossibilité de penser la transcendance humaine à l'aune de la temporalité. Heidegger serait parvenu à la même impasse que Kant qui face à sa découverte de déduction subjective, recule et fait droit à l'en-soi. Si Heidegger entreprend une relecture de Kant et plus précisément de la *Critique de la raison pure*, c'est bien pour aller plus loin que Kant à supposer la possibilité de l'entendement fini en tant que son propre socle de transcendantalité.

Kant et le problème de la métaphysique fournit donc ce que nous appelons langage métaphysique manquant à *Être et temps* : la finitude. C'est celle-ci que nous envisageons de comprendre suivant le prisme méthodologique de la « Raison sensible pure ». Ce sera la démarche de notre deuxième partie qui pose l'imagination transcendantale au principe.

L'enjeu dès lors est de voir à partir de quels fondements une science de l'étant (ontique) est possible. Dans cette perspective il s'agit de déterminer ce qui fait l'essence de la connaissance[57]. Kant ne l'a pas envisagé. Il s'est contenté de poser les possibilités et les conditions de la science à partir de la raison pure supposée comme pouvoir de la connaissance. Ce pouvoir reste applicable à la science de l'étant (physique-mathématique) en tant que science de la nature par laquelle Kant perçoit que « la science de l'étant, et spécialement de la nature, doit avoir préalablement déterminé déjà cet étant en sa constitution d'être pour pouvoir le prendre pour thème en tant qu'étant »[58].

C'est le problème de la pré-scientificité de l'être et la scientificité de l'étant qui justifie une fois encore que l'étant reste fondé à partir des principes de l'être. Ceci est à la base de la refondation kantienne de la science de l'étant en général. Toute science de l'étant est fondée par des conditions *aprioriques* grâce auxquelles elle se donne comme objet d'expérience. En tout il y a de raison. Et ces principes qui rendent évidente la raison d'être de l'étant en favorisent une connaissance qui est hors de toute expérience. On parle d'un principe de causalité. Mais causalité ne désigne pas ici conditionnalité, comme c'est le cas d'ailleurs dans le rationalisme. Il s'agit du principe grâce auquel l'étant est ce qu'il est en tant qu'étant. Dans la mesure où le *Dasein* existe, il est dans un monde où il se détermine par rapport à l'étant qu'il est et l'étant dans le monde. Ce rapport au monde ou à lui-même reste motivé par une prescience qui rend compréhensible le *Dasein* existant et fonde la science en ce sens qu'elle s'y appuie pour se déterminer. Il s'ensuit que la connaissance ontologique est un principe de causalité qui n'établit aucune distinction entre jugements synthétiques et jugements analytiques.

---

[57] IPK, p. 60.

[58] *Idem.*

Tous deux s'imposent unitairement comme jugements synthétiques analytiques *a priori* et restent prioritairement la possibilité d'entrevoir la raison finie comme fondement à la métaphysique du *Dasein*. Dès lors, Heidegger formule radicalement qu'un étant n'est accessible que grâce à une compréhension d'être préalable. Tout étant avant de nous paraître reste compréhensible dans sa constitution d'être : « cette compréhension d'être de l'étant, cette connaissance synthétique *a priori* est ce qui donne la mesure à toute expérience de l'étant »[59].

Dans le cours sur *L'interprétation phénoménologique de la Critique*, on accède à une saisie de l'ontologie fondamentale comme une philosophie transcendantale au-delà d'une théorie de la connaissance donc à l'encontre du néokantisme. Pour celui-ci, l'approche épistémologique de la *Critique* se réduit à l'ordre des mathématiques. Pour Heidegger, l'idéalisme philosophique énoncée par Kant s'affirme ou doit s'affirmer comme une phénoménologie ontologique encore entendue ontologie phénoménologique. En ce sens que quand bien même derrière le phénomène plus rien ne subsiste, il ne s'agit pas de « rien du tout » mais du « tout de rien ».

C'est le sens du néant que va expliciter le cours inaugural de 1929 *Was ist metaphysik*. En reprécisant que l'être est le destin de la métaphysique, Heidegger en fonde la logique à partir du statut de la raison elle-même : « Raison sensible pure » qui explicite la finitude comme *a priori* transcendantal. Toute transcendance doit se fonder à partir de cette raison sensible pure afin que soit explicité le transcendant recherché. Comment la raison sensible pure dévoile-t-elle ce statut du transcendant ?

---

[59] IPK, p. 68.

DEUXIÈME PARTIE

Raison sensible pure

« L'ontologie fondamentale n'est pas à comprendre comme une justification des ontologies historiques, mais, au contraire, comme une préparation au dépassement de l'ontologie telle que la développait la métaphysique classique »[60]. Sans aucune mise entre parenthèse du monde, la logique de « Raison sensible pure », énonce la nécessité de concevoir la transcendance à partir de l'immanence à telle enseigne que l'immanence est le lieu de toute transcendance. Cette immanente transcendance brise toute dualité esprit-monde, raison-passion et consacre la possibilité de l'effectivité d'une connaissance ontologique. L'ontologie fondamentale devient la balise pour la compréhension de tout réel comme « Réalité phénoménale ». Telle est l'intuition à laquelle doit conduire la phénoménologie comme méthode[61].

Une telle articulation de la philosophie transcendantale avec l'ontologie fondamentale doit s'expliciter à travers les grands concepts traditionnels de cette même philosophie transcendantale : la métaphysique, la phénoménologie et l'ontologie. En quoi la métaphysique doit-elle être comprise comme « la démarche caractéristique de la pensée de Heidegger » ? Qu'en est-il du rapport entre métaphysique et philosophie transcendantale, entre métaphysique et phénoménologie, entre phénoménologie et ontologie ? Qu'en est-il de la destruction explicite de la métaphysique en termes d'onto-théologie quant au « fondement de la métaphysique » ?

Ici apparaît « l'instauration du fondement telle qu'elle apparaît à travers la *Critique* ». Tout comme la philosophie transcendantale ramène la pensée au pouvoir de la raison finie, l'analytique phénoménologique de l'imagination transcendantale va être fondée à partir du principe de « Raison sensible pure » afin que soit explicitée la déduction subjective kantienne. Cette hypothèse va valoir dans une recherche philosophique qui ramène la pensée à l'être et au temps finis, mettant en rapport la conjonction « Et » d'*Être et temps* en écho avec l'article partitif « *Du* » de *Phénoménologie du transcendant*[62]. Nous avons dès lors à montrer comment la

---

[60] HEIDEGGER, M., *Kant et le problème de la métaphysique*, Paris, Gallimard, 1981, p. 13.

[61] Ainsi se justifie la double reconnaissance de Heidegger à l'égard de Husserl et de Kant d'autre part de qui il hérite du concept de finitude : « Lorsque je repris, il y a quelques années l'étude de la *Critique de la raison pure* et que je la relus pour ainsi dire sur l'arrière-fond de la phénoménologie de Husserl, mes yeux se dessillèrent, et Kant devint pour moi une confirmation essentielle de la justesse du chemin sur lequel je cherchais. Bien entendu, l'autorité n'est jamais à elle seule fondatrice, et ce n'est pas parce que Kant a dit une chose qu'elle est vraie. Mais Kant n'en possède pas moins cette valeur éminente dans l'apprentissage du travail philosophique scientifique que l'on peut résolument se fier à sa parole. En lisant Kant, on a cette certitude immédiate, que ne donne par ailleurs aucun autre penseur : il ne triche pas ». Martin Heidegger, *Interprétation phénoménologique de la « Critique de la raison pure » de Kant*, trad. Martineau, Paris, Gallimard, 1982, p. 372-373.

[62] Cf. TECHOU, R., *Phénoménologie du transcendant, Essai sur l'analytique de la finitude humaine*, Flamboyant, Cotonou, 2018. Il s'agit du tout premier ouvrage issu de notre thèse de doctorat portant sur la lecture heideggérienne du Kantbuch. Nous y avons montré que la finitude humaine en tant qu'a priori factuel est le transcendant pur dont il faut déduire l'essence humaine comme fondement de l'être humain. Les deux hypothèses, celle déjà évoqué dans le premier ouvrage cité et celle en cours sont une nouvelle analyse de la

raison, sous le même rapport, peut être à la fois sensible et pure. Nous allons identifier le mode d'être dorénavant suggéré de toute réalité et grâce auquel la « Raison sensible pure » peut justifier de la vérité transcendantale comme Métaphysique « Du » *Dasein.*

Plus précisément, la lecture phénoménologique de l'imagination transcendantale kantienne situe le fondement de l'ontologie fondamentale loin du « Moi transcendantal » et au-delà de la métaphysique traditionnelle dans sa phase thomiste et cartésienne. Ne faut-il pas dès lors, et sous les traits de la « Raison sensible pure » envisager « la fin de la fin de la métaphysique » comme sortir de toute phénoménologie de la subjectivité ? À quel titre la métaphysique reste-t-elle possible dans une telle entreprise de refondation pour laquelle le transcendant ne souscrit plus ni à une objectivité ni à une subjectivité mais reste une immanence asubjective ?

On soulignera d'entrée de jeu et en rapport à la logique qui sous-tend l'analyse phénoménologique de l'imagination transcendantale que la « Raison sensible pure » surmonte toute dualité dans l'ordre de la pensée ; ce qui en révèle une fois encore la dimension de transcendance. On le voit dès lors que l'existence est réduite à sa temporalité, contrairement au kantisme dont le dualisme ouvre à l'immortalité de l'âme envisagée dans la raison pratique. C'est sous l'angle de ce postulat – *proposition qui ne peut pas être prouvée mais qui a une valeur pratique inconditionnée* (on parle aujourd'hui d'axiome ou de l'axiomatique) – que Kant détermine l'infinité du temps inenvisageable dans l'ordre de la raison théorique, intelligible et éternelle. L'infinité du temps pratique, qui évoque déjà le postulat de l'être, doit déboucher chez Kant sur la liberté et notamment la question de l'existence de Dieu, supposées hors du sujet pensant. Mais Heidegger va les intégrer à la constitution de l'humain comme possibilités, consacrant ainsi un monisme intégral de sa philosophie de la connaissance de l'homme donc de la quête du transcendant de toute transcendance.

La démarche questionne la manière de tout connaître : « Comment savons-nous que nous savons ? » Puisque la question de la connaissance ne peut laisser indifférent celui qui se la pose, toute connaissance est une reconnaissance du sujet connaissant. C'est pourquoi à la suite de Kant qui pose le processus de la connaissance à partir de l'expérience voire de la raison humaine, tout en maintenant celle-ci à distance de la « chose en soi », Heidegger se montre plus radical en désignant la réalité humaine comme le fondement de toute connaissance notamment de l'ipséité humaine. La quête du Soi atteste que l'entendement fini est la possibilité infinie pour connaître infiniment.

Se pose alors la question fondamentale de la connaissance, celle qui consiste à fixer la question de l'être à partir de « l'interprétation du *Dasein* de l'homme comme temporalité »[63]. Il faut en énoncer les étapes de réalisation à partir du contexte crucial de l'histoire de l'être en élucidant la « Raison sensible pure » comme

---

Métaphysique du Dasein dont le *Hauptwerk Sein und Zeit* de 1927 constitue l'ossature toujours en attente d'explication.

[63] HEIDEGGER, M., *Hegel und das Problem der Metaphysik*, *op. cit.*, p. 55.

la logique de toute ontologie phénoménologique qui se veut en-quête primordiale sur le statut de ce transcendant.

CHAPITRE IV

L'ontologie fondamentale en venant de Kant

L'objectif est de justifier la mise en œuvre de la question du *sens* de l'être. Pour ce, la recherche d'objectivité doit se passer de tout logocentrisme et n'avoir d'assise que celle propre à une ontologie fondamentale. Le § 31 de *Kant et le problème de la métaphysique* fournit la thématique à analyser et dont il faut déduire le principe de réalisation de l'instauration du fondement de la métaphysique. Le schème kantien, compris comme « Raison sensible pure » contraste avec toutes les représentations totalitaires de l'être qui en auront voilé la réalité. L'analytique phénoménologique de l'imagination transcendantale permettra donc de poser la question métaphysique de la métaphysique. Or, avec Heidegger, l'étant privilégié qui se pose la question de son être est le plus indiqué ontologiquement pour fournir des indices de réponses à la question du sens de l'être. Dès lors la métaphysique du *Dasein* va orienter toute la recherche qui doit se distinguer de toute métaphysique traditionnelle et de toute métaphysique de la subjectivité issue du rationalisme cartésien et auquel l'idéalisme non plus n'a pu échapper.

Cette « quête de sens » métaphysique du *Dasein* consiste à repartir du monisme de l'être humain. Autrement dit, il faut pour saisir le sens de l'être humain, délaisser les catégories traditionnelles de corps, âme, chair, entre matériel et spirituel, bien que chacun soit supposé, afin de déterminer l'être vrai du *Dasein à* l'horizon de son « immanence indépassable ». L'ontologie fondamentale en se basant sur l'expérience de l'être-là (possibilité) la source de toute connaissance (pouvoir-être) atteste que :

L'important est en revanche l'unité originaire et la structure immanente de l'être relatif d'un homme qui dans un certain sens est rivé à un corps et dans le fait d'être rivé dans le corps il se trouve dans une union spéciale avec l'étant au milieu duquel il se trouve, non pas comme un esprit qui regarde de haut, mais en tant que l'être-là (*Dasein*), jeté au milieu de l'étant, accomplit librement l'irruption dans l'étant ; irruption qui est toujours historique, et, en dernière analyse, contingente[64].

Ce qui suppose que nous recherchions en quoi consiste cette vérité du sens de l'être et suivant quelle modalité métaphysique est rendue évidente la liberté par laquelle *l'homo humanus*, « gardien de l'être » cesse d'être le décideur « technisé » du devenir de l'humanité. Cette exigence d'un dépassement de la métaphysique « *Überwindung der Metaphysik* »[65] réalise la métaphysique comme connaissance de l'être du *Dasein*. La *Seinsvergessenheit* (oubli de l'être) implique également une

---

[64] HEIDEGGER, M., *Davoser Disputation...*, GA 3, p. 290.

[65] Voir HEIDEGGER, M., *Vorträge und Aufsätze,* (1936-1953), Hrsg. Von Friedrich-Wilhelm, Frankfort, Vittorio Herrmann (GA 7), 1954.

Seinsabgrundkeit (finitude de l'être) qui pour être assumée doit aussi se tenir dans la double finitude absolue non « absolutisée » du temps et de l'être.

Nous soutenons donc que le *Dasein,* au-delà de toute passivité qui l'assujettirait à une métaphysique venant d'ailleurs, possède « la capacité d'influencer activement et de modeler sa propre relation "destinale" aux puissances de l'Être »[66]. La réponse légitime à la question du sens de l'être au-delà de toute mathématisation est la résistance de l'être-là aux représentations traditionnelles de la métaphysique qui ont fixé une certaine essence humaine en termes de nature, avant même qu'elle ne se déploie. Dans les sections suivantes nous posons et analysons la problématique de « Raison sensible pure » comme fondement à toute métaphysique donc à l'ontologie fondamentale. La question du sens de l'être *(Seinsfrage)* constitue l'horizon de notre analyse de l'imagination transcendantale pour montrer que l'ontologie fondamentale est une structure de transcendance ; c'est la transcendantalité de toute transcendance. Ainsi se précise la thématique caractéristique de l'ontologie fondamentale manquant la spécificité de celle-ci d'avec la phénoménalité chez les husserliens, la rationalité pour les cartésiens.

Section IV-1- La transcendantalité de l'être

La question de l'être (*Seinsfrage)* est destinale car l'être fait partie du destin de l'homme. Dans son article « Le destin de l'être et la métaphysique », Jean Beaufret montre combien l'être se confond au destin : « Destiner, c'est d'abord attacher solidement, comme le matelot fixe au mât les vergues qui portent la voilure... Le destin est ainsi, poursuit-il ce qui est assigné en partage, de telle sorte que le destinataire n'y soit lui-même pour rien et qu'il ne puisse revenir sur le partage qui lui a été assigné »[67]. On en déduit que le destin résulte d'un partage dont l'humain est le destinataire et auquel il ne peut ne pas prendre part au sens de « participer à ». Le destin participe à l'être humain. Beaufret précise à juste titre qu'il est précisément question de « don », au sens de « transmission, de tradition » qui est conféré à l'humain et qu'il doit rendre explicite par la parole[68].

Il souligne également que, dans sa *Déduction transcendantale,* Kant évoque aux nombres des concepts qui façonnent la connaissance humaine « des concepts usurpés, comme celui de bonheur, de destin qui, à la vérité, circulent de tous côtés grâce à une indulgence presque universelle, et qui pourtant soulèvent parfois la question : *quid juris* ? »[69]. Pourquoi Kant énonce-t-il le bonheur dans la même ré-

---

[66] GANTY, E., *Penser la modernité, Essai sur Heidegger, Habermas et Éric Weil,* Namur, Mul, 2002, p. 243.

[67] BEAUFRET, J., « Le destin de l'être et la métaphysique », dans *Les études philosophiques,* Paris, PUF, avril-juin, n° 2, 1960. p. 163.

[68]Allusion ici est faite au *Philèbe* de Platon où Socrate évoque la synonymie trilogique du destin comme don, assignation et parole.

[69] BEAUFRET, J., « Le destin de l'être et la métaphysique » *op. cit.*, p. 163 à 173.

flexion que le destin ? Si la pensée de l'être assume le bonheur de l'humain c'est alors que penser l'être relève du destin de la connaissance de l'homme. Par quel mode la connaissance humaine parvient-elle à s'assumer comme destin de l'être ? C'est là toute l'entreprise à laquelle nous nous donnons en repartant du geste kantien pour montrer que la question de l'être fait partie intégrante du destin de l'humain. L'ontologie devient figurale parce que l'humain est figure ontologique.

4-1-1- L'ontologie figurale

L'être comme objet de la philosophique est un axiome depuis Parménide. Que celui-ci soit le seul à en avoir mieux traité, n'empêche pas de reconnaître que le questionnement ontologique a tenu en haleine la réflexion philosophique jusqu'à Aristote. Thalès pour ne prendre que cet exemple, en cherchant à systématiser la question de l'être, identifie l'eau comme principe premier. Mais cette précipitation à identifier l'être à un étant est ce qui en a fait perdre le caractère figural. L'être est phénoménal et par conséquent ne peut être identifié. Pascal fut le premier à faire remarquer que l'être ne se définit pas. Pour l'auteur des *Pensées,* l'être est ce qui n'a pas de définition parce qu'on ne peut envisager le définir sans commencer par le supposer, par dire : « l'être : c'est ». Cette généralité de la chose qui échappe à toute définition mais qui suppose tout phénomène est peut-être ce qui a conduit la tradition philosophique, voire métaphysique, à tenir l'être comme allant de soi au point d'en arriver à l'oublier.

Le mérite de l'ontologie fondamentale est d'avoir éveillé la philosophie contemporaine à elle-même, à savoir à la question de l'être. L'ontologie heideggerienne en se reposant sur le sens du « pouvoir-être » et du « devenir-être » de l'être (Héraclite) s'éloigne de l'être de l'ontologie métaphysique en retournant la pensée au sens de l'être. Depuis *Sein und Zeit,* sa démarche ne fut pas de penser l'être mais d'en déterminer le *sens,* c'est-à-dire de déterminer la signification de ce qu'être peut vouloir dire et de l'orienter suivant une direction donnée. Car, ce que nous percevons le mieux du monde, c'est que les choses *sont.* De tous ces étants, et des vivants qui sont, la caractéristique reste « l'Être ». Mais que signifie que l'être soit un donné préalable ?

Ce point de départ, qui n'est plus le « Je pensant » comme chez Descartes ou la conscience pour l'idéalisme, est ce que la philosophie a toujours tenu pour évident depuis Platon. Mais cette « science de l'être » a été diversement appréciée dans son « *étantité* ». Parce qu'assimilé à une substance particulière, à savoir la matière, la nature, Dieu, la raison suffisante, l'Être suprême, etc., « l'être » est devenu un étant. Ce fut, au dire de Heidegger, le moment de la déviation de la métaphysique, car l'être ne peut être situable. Seul l'homme comme « ouverture sur l'être » en fait l'expérience. Et ce dont l'existence humaine fait l'expérience, c'est sa propre existence laquelle se manifeste à travers l'horizon de la naissance et de la mort. Autrement dit, il s'agit de l'expérience de l'horizon bouché de notre existence que traduit la notion de finitude. D'où par la charge reconnue au *Dasein* d'être une préoccupation de l'être, s'arrache toute opportunité d'être considéré comme un « étant » au sens positiviste du terme. Ce qui en limiterait la grandeur voire la raison d'être.

Or, puisque l'être n'est Rien parce que rien ne vaut l'être, seul le temps permet la détermination de l'être soi : *« Wer wir sind, wissen wir nicht, solange wir unsere Zeit nicht wissen »*[70] (GA 39-56). L'être s'éveille dans la détermination du temps. Plus précisément le temps déploie l'être à travers la figure du *Dasein* ontologique qui en est le sens. Pour accéder à la compréhension du sens de l'être dont la tâche incombe au *Dasein,* deux attitudes s'imposent. Il nous faut procéder à la déconstruction de l'ontologie traditionnelle soupçonnée d'avoir, depuis Descartes, provoqué la métaphysique du sujet. Cette métaphysique de la subjectivité repose sur l'objectivation de l'être contre le mystère du « dévoilement de l'être ». Par sa singulière neutralité, le *Dasein* accomplit le destin de l'être en récapitulant en son sein la coappartenance du questionnement de l'être inhérente à toute existence humaine. Il est *Mitsein et Mitgeschick,* c'est-à-dire configuré (*ausgestaltet*) à l'être. Par cette configuration originairement exemplaire, le *Dasein* devient l'archétype dont la présentation (*Darstellung)* réalise tout le destin de l'être. La mise en œuvre de cette « configuration injonctive » est ce qui en fait une « ontologie figurale ».

Ce rapport du *Dasein* à l'être est illustré par la finitude radicalisée comme finitude catégoriale sous les traits de la « raison finie sensible ». Comment radicaliser la finitude kantienne comme une catégorie de connaissance, notamment de celle de l'être du *Dasein* ? Dans la mise en jeu de « la temporalité du Je pensant »[71] s'élucide le statut de l'*a priori* factuel dont il faut préserver la nature en tenant fermement l'avertissement de Heidegger à savoir que « la pensée ne commencera que lorsque nous aurons appris que cette chose tant magnifiée depuis des siècles, la raison, est la contradiction la plus acharnée de la pensée »[72].

Dans cette décision à rectifier le caractère dominant de la raison, il faut montrer que c'est le « Je suis » qui devient primordial. On pense à partir de son « Je suis » : *Ich bin also denke ich.* Heidegger y voyait déjà le socle de toute métaphysique selon le vœu de Kant lui-même qui a mis en garde contre toute élaboration métaphysique qui cherche à s'exclure du temps et de l'espace : « Si quelqu'un prétend juger de métaphysique ou même y apporter sa contribution, qu'il veuille bien considérer qu'il lui faut satisfaire entièrement aux conditions formulées ici, soit qu'il admette ma solution, soit qu'il la réfute à fond et lui en substitue une autre, car il ne peut l'éluder »[73]. La démarche de Kant fut d'ouvrir la raison aux possibilités des limites

---

[70] Nous traduisons : « Qui nous sommes, nous ne le savons tant que nous ne saurons pas notre temps ».

[71] Le jeune Schelling, alors qu'il avait encore vingt ans, affirmait au nom de tout l'idéalisme que : *« La Critique de la raison pure,* est comme telle, inexpugnable et irréfutable, alors que chaque système, pour qu'il mérite ce nom, peut être réfuté par un autre qui est nécessairement son opposé. La *Critique de la raison pure* subsistera comme quelque chose d'unique, aussi longtemps qu'il y aura de la philosophie, alors que chaque système est obligé de tolérer la présence d'un autre qui est justement son opposé » Cinquième *Lettre philosophique sur le dogmatisme et le criticisme,* 1795.

[72] HEIDEGGER, M., *Chemins qui ne mènent nulle part,* trad. F. Fédier, F. Vezin, Paris, Gallimard, coll. « Tel », 1986, p. 219.

[73] KANT, E., *Prolégomènes* Ak. IV, 264.

de l'entendement humain. Ce que nous radicalisons avec Heidegger comme raison finie et fondement de toute connaissance. Finie, la raison est la possibilité de connaissance de la raison elle-même.

En inscrivant ainsi l'être du *Dasein* dans l'horizon fini de la temporalité, le temps apparaît comme la troisième catégorie métaphysique, après l'objet et le sujet, qui livre le sens de l'être sous la présentation figurale du *Dasein*. Il réalise la fin du « monde des idées » et celui des « vérités éternelles ». L'ontologie fondamentale sous l'intuition kantienne procède à « l'instauration du fondement de la métaphysique » en tant que compréhension de l'étant en totalité contre tout étant particulier. Finitude et temporalité s'impliquent et leur implication nous permet de parler de temporalité catégoriale.

Poser la temporalité comme essence du sujet, c'est comprendre l'approche kantienne de l'homme non plus comme une enquête sur le caractère raisonnable et moral de l'homme, mais comme l'énoncé de la finitude de sa raison. L'homme rationnel ou raisonnable cesse d'exister et cède le pas à l'homme ouvert sur l'infini c'est-à-dire exposé à l'existence. Ce qui justifie que l'ontologie fondamentale est la mise en rapport de « la finitude et l'universalité de la raison théorique ». À sa lumière il faut, avec Jean Grondin, « croire que la finitude représente l'alpha et l'oméga de l'ontologie fondamentale »[74] en tant que clé du labyrinthe qu'est l'imagination transcendantale.

4-1-2- Le schématisme kantien

Après avoir mûri le Criticisme, Heidegger décide d'en orienter l'intuition non plus comme une théorie de la connaissance mais comme l'élaboration du *Dasein*, dans la mesure où il n'y a de métaphysique que celle du *Dasein*. La clé de lecture fournie par « l'imagination transcendantale » dans le § 31 de *Kant et le problème de la métaphysique*, permet d'analyser le schématisme kantien comme la mise en œuvre de la « Raison sensible pure ». La question est de montrer comment le schème ontologique de la temporalité réalise « l'analyse de la temporalité *ekstatique* comme sens d'être du *Dasein* ». Pour le montrer, il faut repartir du rapport entre finitude et temporalité du monde en s'appuyant sur les deux textes qui font nettement référence à la thématique de « schème » dans la pensée de Heidegger. Le § 69 de *Sein und Zeit* et *Les problèmes fondamentaux de la métaphysique* sont liés par cette question de la « temporalité transcendantale du monde ».

Le premier texte, en évoquant le « problème temporel de la transcendance du monde », souligne l'évidence du monde qui se tient dans l'horizon de l'unité ekstatique de la temporalité (*Zeitlichkeit*). Les *ekstases* temporelles, reflets de la structure trilogique du temps, en forment le « schème horizontal » déployé comme futur (l'a-venir), passé (l'avoir-été) et présent (l'être-jeté). Par cette unité des schèmes, le *Dasein* s'ouvre à sa détermination transcendantale dans le monde.

---

[74] Cf. GRONDIN, J., *Le tournant dans la pensée de Heidegger*, Paris, Épithémée/PUF, 2011.

Le second texte qui se rapporte aux « schèmes horizontaux de la temporalité *ekstatique* », montre également que la possibilité de la transcendance au monde provient du fait que les *ekstases* ont chacune un schème. Les *ekstases* temporelles ne sont pas seulement en vue du néant, mais sont détentrices d'une fonction rendue évidente à l'horizon voulu par *l'ekstase*. C'est à une réappropriation phénoménologique du concept de schème chez Kant que procède ainsi Heidegger, tel que l'insinue la première section de la seconde partie annoncée de *Sein und Zeit* (§ 8) : *La doctrine kantienne du schématisme et du temps comme pierre d'attente pour une problématique de la temporalité*. Ce projet, loin de jeter le discrédit sur la théorie transcendantale de la connaissance, pense la réaliser.

Par schème ontologique de la temporalité, il est question de la démarche heideggérienne ébauchée depuis 1925 et qui consiste à cerner l'originalité kantienne du temps introduit entre la catégorie et l'intuition. Cherchant à constituer la transcendance à partir de la finitude (humaine), Heidegger évoque les limites de la conception kantienne du temps. Il pense que la temporalité kantienne est encore dépendante du « dogmatisme ontologique de *l'Ego cogito* » cartésien. D'après Paul-Étienne Atger, Heidegger relève chez Kant une « intrication spécifique de sa façon de procéder, qui entremêle la rigueur phénoménologique et l'argumentation dogmatico-constructrice »[75].

Pour restituer le schème ontologique de la temporalité comme existentiale, le philosophe met en place des « structures phénoménologiques du temps » comme auto-affection du « Je pense ». Brisant la dualité de la pensée et de l'intuition et celle de la sensibilité et de l'entendement pour en faire la source homogène de la connaissance, on accède à l'unité structurante du schématisme. À travers cette unité du schème de penser, s'éclaire « la synthèse figurative opérée par l'imagination productrice » qui « consiste à former *(bilden)* une "image" (*Bild)* »[76]. L'image schématisante qui n'est pas une image directe du concept, encore moins sa représentation, précise Atger, « doit être telle qu'elle se forme eu égard à la règle d'unité qu'est le concept, en tant que réglée en sa formation par un tel égard, et doit ainsi être en mesure d'indiquer cette règle en sa fonction régulatrice »[77].

Ce fut déjà la tâche de la troisième section *de Zeit und Sein* de mettre en lumière cette occurrence de l'imagination transcendantale qui tente de combiner le schématique empirique et le schématique théorique en schématisme transcendantal. La section n'ayant jamais été publiée, le *Kantbuch* qui en élabore entièrement la problématique, porte le projet phénoménologique du schématisme kantien à sa réalisation. Ce qui montre que par la structure unificatrice de la pensée où l'imagination combine l'entendement et la sensibilité, s'énonce une corrélation du schème de la connaissance qui assume l'autonomie du *Dasein* à l'égard de toute transcendance

---

[75] ATGER, P.-E., « Phénomène, schème, figure. L'origine de l'ontologie figurale de Heidegger », *Les Études philosophiques* 1/2006, n° 76, p. 35.

[76] *Idem.*

[77] *Idem.*

autre qu'elle-même, car le *Dasein* est déjà la raison d'être de l'être-là comme possibilité d'être.

Dans cette reconstruction d'un schématisme transcendantal où le schème temporal apparaît comme l'esquisse formelle de ce en direction de quoi l'étant est projeté, la question, comme la pose Atger est de savoir si « désigner les trois dimensions de la temporalité ekstatico-horizontale comme esquisses schématiques de l'horizon, n'est-ce pas dire, au bout du compte, qu'il n'y a qu'un seul schème, celui du *Praesenz* ? »[78]. Comment peut-on concevoir une « Raison sensible pure » là où Kant lui-même émet des réserves à l'égard de toute sensibilité dans la possibilité de connaître ? L'objectif est d'élaborer une phénoménalité du schème kantien de la connaissance qui éloigne la sensibilité de l'appréciation d'un conditionnement extérieur pour en faire une part intégrante de l'entendement. Heidegger cherche à ramener toute la possibilité de connaissance à l'imagination, en tant que celle-ci s'assimile à la « raison finie ».

C'est elle seule qui en tant qu'essence de la subjectivité transcendantale est en mesure de déployer l'objectivité de la transcendance. Cette faculté originaire ne peut prévaloir comme telle qu'à condition d'être une transcendance : « L'imagination forme d'avance, préalablement à l'expérience de l'étant, la vue de l'horizon d'objectivité »[79]. Mais l'imagination en elle-même ne rend pas sensible « la vue ». Elle reste dépendante du schématisme qui seul accomplit « la transposition sensible pure ». Par le fait que le schématisme « schème et image » constitue la racine des représentations, il dévoile le pouvoir ontologique de l'imagination transcendantale. Cette possibilité l'identifie hors d'une simple faculté humaine pour en faire le fondement même de l'esprit humain. Comment l'imagination se constitue-t-elle en transcendance ? Et quelles sont les facultés qu'elle tente de s'associer pour constituer le pôle unificateur de toute objectivité ? Aussi doit-on cerner la structure de l'imagination transcendantale en précisant tout d'abord ce qu'il faut entendre concrètement par imagination transcendantale et les éléments qu'elle implique et met en rapport. On précisera avant tout en quoi consiste le statut fini de cette raison faculté de connaissance en corrélation avec l'imagination.

4-1-3- Raison et Imagination

Toute connaissance est rendue évidente à partir du point unificateur des facultés de sensibilité et de l'entendement. Ce qui révèle le caractère transcendantal de la connaissance en ce sens qu'elle n'est pas unilatérale. Cette nouvelle révolution vise à poser l'imagination comme racine de toute subjectivité en ce sens que toutes les trois facultés s'y rejoignent et s'y unifient. Mais comment la raison s'y retrouve-t-elle ? L'enjeu ici est de situer le pôle véritable entre les trois facultés énoncées dans la *Critique de la raison pure* en faisant remarquer que le terme raison ainsi énoncé en titre comme « *Critique de la raison pure* » envisage plutôt la raison

[78] *Ibid.*, p. 41.

[79] ATGER, P. -E., *L'origine de l'ontologie figurale de Heidegger*, *op. cit.*, p. 50.

comme une connaissance générale et non la faculté-raison. Cette raison reste liée à l'entendement en ce sens qu'elle peut se réfléchir elle-même. Elle est possibilité d'aperception.

La distinction des trois facultés ne peut servir de compréhension parce que la troisième faculté, la raison, a pour tâche de penser l'entendement comme un système pour se poser comme le lieu même où l'entendement est pensé. L'entendement se pense lui-même comme raison. L'unité se ramène à la totalité, et dans la mesure où la réflexion qui manifeste le propre de l'entendement est liée à l'imagination, la raison qui est la pensée de l'entendement se ramène aussi à l'imagination[80]. La raison reste enracinée dans l'imagination transcendantale. Le constat est étrange mais justifié. En réalité, Kant n'élucide pas explicitement le statut de l'imagination, ce qui fait que quoiqu'absente, l'imagination reste le nœud de la *Critique*[81]. Ce qui amène Heidegger à souligner qu'il n'est question chez Kant que d'une imagination empirique et par ce fait, la raison reste caractérisée par une réceptivité qui se veut pure au même sens qu'il y a une intuition pure. Puisque l'entendement est déjà posé comme système, « l'instance qui le perçoit comme système est la même instance qui le produit comme activité unifiante »[82]. Dit autrement, l'imagination reste directement ou indirectement associée à toutes les « facultés » de l'être humain au point qu'on pourrait dire qu'elle est « l'âme incarnée au corps ». Elles sont nombreuses les occurrences de l'imagination au sein de la *Critique de la Raison pure*. L'Analytique transcendantale est celle qui en traite le plus. Elle est complétée par les deux versions de la Déduction transcendantale et le Schématisme. On peut donc soutenir que ces passages constituent le noyau ultime de la première *Critique* et du système kantien. Ce qui revient en revanche à dire que l'imagination occupe une place primordiale voire centrale pour le Criticisme.

Toute cette approche qui lie la raison à l'imagination, formant ainsi l'unité des facultés, cherche à relever un non-dit de Kant, en ce sens que l'aperception ne peut être jointe à la réflexion sans qu'il y ait un rapport préalable entre les éléments. Ce lien va s'étendre de la raison théorique à la raison pratique. Au § 30 il est souligné que c'est l'imagination transcendantale qui réalise le lien entre les deux instances. Faut-il conclure que la raison théorique elle-même est pratique parce que libre ? L'analyse que donne Heidegger du respect, fondé par la loi morale supposée par

---

80 RIVELAYGUE, J., *Leçons de métaphysiques allemandes*, tome II, *Kant, Heidegger, Habermas*, Paris, Grasset, 1992. p. 426.

81 À s'en tenir seulement à la table des matières des trois *Critiques* plutôt qu'à leur contenu, on constaterait effectivement que « l'imagination n'apparaît dans aucune des tables des matières des œuvres philosophiques de Kant. Aucun chapitre spécifique, aucune section particulière n'en fait mention, à la seule exception du deuxième point de la deuxième section de la première édition de la Déduction transcendantale, apparition supprimée dans la seconde édition ». Ce que la lecture de Heidegger cherche à restituer et à expliciter avec cette fois-ci, une vision bien tournée vers *L'anthropologique du point de vue proagamtique de Kant* où l'un des chapitres est intitulé « L'imagination ». Livre I (De la Faculté de se connaître).

82 RIVELAYGUE, J., *Leçons de métaphysiques allemandes, tome II, Kant, Heidegger, Habermas, op. cit.*, p. 428.

une « conscience de soi » (§ 30) approuve que : « cette interprétation du respect ne montre pas seulement en quelle mesure ce sentiment constitue la raison pratique, mais fait comprendre que la conception du sentiment, comme faculté empirique de l'âme, est éliminée et remplacée par une structure transcendantale et fondamentale de la transcendance du soi éthique »[83].

L'ouverture sur la finitude de la raison pratique devient évidente dès lors que le moi pratique situé au niveau de la conscience du temps prend figure de personnalité morale pour laquelle la loi se pose comme un devoir. Le respect devient cette forme de la loi morale qui se laisse percevoir à travers une conscience finie comme « devoir-être ». La personne devient un « devoir-être lié au temps ». La loi morale serait-elle liée à l'imagination ? Chercher à répondre à cette question nous éloignerait de notre perspective qui est de maintenir l'imagination transcendantale comme la structure déterminante de la raison finie donc du sens d'être de l'être de l'être humain. Elle reste pour Heidegger la racine commune que Kant a évoqué dans la première édition de la *Critique*. Devenue la fonction « subalterne » entre l'entendement et l'intuition, elle est le fondement absolu à partir duquel tout se définit étant donné que la finitude devient le rationnel lui-même.

Face à cette finitude plus radicale qui ne relève plus de la sensibilité s'énonce le « problème ontologique de la personne ». Cet être rationnel reste fini par l'intuition et la réceptivité. Celles-ci constituent des aspects d'une finitude secondaire qui, quoique marquée par sa contingence, reste exempte du temps et de l'espace. Déterminer la finitude en fonction de l'imagination transcendantale n'est pas sans conséquence pour la recherche. La plus problématique est de percevoir l'imagination comme pouvoir de former (*Bildende Kraft*) toute connaissance intuitivement finie. C'est pourquoi il nous faut le préciser, l'Esthétique transcendantale, l'Analytique transcendantale, et la dialectique transcendantale, partent de l'étude de la connaissance ontologique fondée sur l'intuition.

L'intuition n'est pas limite pour déterminer la finitude, elle en fonde la possibilité ontologique. La connaissance ontologique qui procède par concepts est axée sur la raison et justifie la critique kantienne de la raison pure. Dans la mesure où l'ipséité humaine se situe à la fois dans la vérité et la non-vérité, la *Critique* apparaît comme une clarification de l'apparence en l'homme, cette apparence qui permet de distinguer ce qui fait l'essence de ce qui est non-essence. Il s'agit de l'objet de la connaissance finie que Kant appelle « apparence » en rapport à « la chose en soi » objet de la connaissance absolue. Mais on doit se garder de marquer une opposition entre « chose en soi » impossible à atteindre et apparence. Notamment, la « chose en soi » ne serait pas Dieu et l'apparence n'est pas l'étant fini.

L'étant fini est une chose en soi et objet de la connaissance absolue. En ce sens, le rapprochement kantien de la connaissance humaine à la connaissance divine ne suppose aucunement une certaine existence de Dieu mais reste un présupposé qui témoigne que l'apparence n'est pas sans réalité. Le problème qui se pose est alors

[83] RIVELAYGUE, J., *Leçons de métaphysiques allemandes, tome II, Kant, Heidegger, Habermas, op. cit.*, p. 427.

celui de la capacité à connaître de l'étant fini en question. Ce qui en appelle à la détermination de l'essence même de la connaissance *a priori*. Toute connaissance étant ontologique, quelle est la nature de ce que nous détenons comme connaissance *a priori* ? Dans la mesure où la préoccupation de Kant n'est pas une étude de la raison mais de la raison humaine, on peut comprendre son intérêt pour le fini comme le discours de la méthode qui doit servir d'itinéraire à la métaphysique. La représentation de tout objet est le fruit de l'unité de l'entendement et de l'intuition dont parce que seule l'imagination en réalise la possibilité, elle devient transcendantale.

En effet, l'imagination est cette faculté à la fois intelligible et sensible qui caractérise l'âme mais que Kant a traitée de façon empirique[84]. Toute en lui conservant son caractère empirique, il faut l'élever au rang de faculté du fait qu'elle caractérise la source métaphysique de la nature humaine. L'imagination transcendantale est ainsi directement liée à l'intuition. En soustrayant l'imagination de son socle empirique et la rehaussant comme principe qui construit tout objet sans besoin d'un objet préalable (construction d'objet sans objet), on en fait le fondement de toute connaissance en même temps qu'apparaît sa possibilité de produire l'objet. Elle est à la fois intuition réceptive et capable de spontanéité. Elle est également reproductrice dans la mesure où elle peut faire advenir la condition de possibilité d'un objet (le schème par lequel un objet peut advenir). Cette imagination productrice pure parce que capable de produire et de se représenter non pas l'image d'un objet mais un schème (condition de possibilité de l'objet), montre que ce n'est pas la présence de l'objet qui en détermine la représentation mais plutôt c'est parce que le temps reste préalablement déterminé qu'un objet peut être présentement représenté.

Il faut enfin préciser que la possibilité de l'objet étant préalable à sa présence, la connaissance ontologique (être de l'étant) précède la connaissance ontique (l'étant) sous le mode de l'imagination. Ce qui en fait une imagination transcendantale[85], c'est-à-dire capable de porter l'humain au-delà de l'étant. En clair « elle est le pouvoir d'intuitionner quelque chose qui a été produit par l'esprit, elle est à la fois sensibilité et entendement »[86]. L'imagination en tant que faculté transcendantale (Kant) qui réalise la possibilité de l'expérience (transcendance heideggérienne) est une imagination transcendantale. Elle est logiquement fondamentale et pôle d'unité de l'entendement et de l'intuition, unité sans laquelle aucune repré-

---

[84] De façon ordinaire, l'imagination est un manque de ce qu'on ne peut pas percevoir, un manque d'existence. Dans son *Anthropologie* et dans la *Critique de la faculté de juge*r, l'imagination est pour Kant une faculté d'intuitionner. L'imagination transcendantale à l'inverse de l'imagination est un comble, un surcroît de quelque chose que l'empirique ne peut offrir : (schème).

[85] Alors que pour Kant la transcendance désigne la possibilité empirique de l'expérience, pour Heidegger est transcendantal ce qui rend possible le questionnement transcendantal (l'être de l'étant). C'est pourquoi il soutient que l'imagination transcendantale dans l'anthropologie kantienne présente les mêmes caractéristiques que celle de la raison pure (intuitionner l'objet sans objet).

[86] RIVELAYGUE, J., *Leçons de métaphysiques allemandes, tome II, op. cit.*, p. 394.

sentation de l'objet transcendantal n'est possible. En tant que « racine cachée » de l'entendement et de l'intuition, l'imagination n'est pas moins une troisième faculté. Car pour Heidegger, toute transcendance reste cachée. Toute recherche du fondement de la transcendance n'a donc pas à se borner au schématisme « mais plutôt à voir comment les divers éléments de notre connaissance sont fondés sur un seul »[87].

Dès lors, devient impossible dans l'ordre de la connaissance, l'imaginaire, le non-être du réel, l'étant de l'apparence ontique (image). Autrement dit, l'imagination désormais transcendantale rend possible une précompréhension de l'être qui reste l'unique critère pour appréhender un objet transcendantal[88] et donc pour fonder une connaissance objective (Fichte)[89]. Comme nous l'avons vu dans l'interprétation phénoménologique de Kant de 1927/8, prolégomènes au *Kantbuch,* Heidegger oriente la philosophie transcendantale comme ontologie fondamentale. L'objectif est maintenant atteint dans cet exposé de la *Critique* où la « Raison sensible pure » explicite le pouvoir de l'imagination transcendantale. Il ne nous reste qu'à en tirer les conséquences pour l'élaboration de l'ipséité du *Dasein* dont l'originalité évidente est la connaissance de l'humain au-delà de toute théorie de connaissance. La toute première conséquence à évoquer est le dépassement de la métaphysique exigée par Heidegger pour qu'aboutisse le projet kantien de réalisation de la « métaphysique en tant que constituante de la nature humaine ».

Comment concevoir cette métaphysique de la nature humaine ? Quel est le sens du dépassement qu'il faut ici adopter en sachant que notre étude s'inscrit dans l'élaboration de la métaphysique du *Dasein* comme le transcendantal de toute transcendance ? La sortie de la métaphysique ne serait-elle pas plutôt une entrée dans le commencement de cette métaphysique comme lieu d'être transcendantal ? De quelle métaphysique est-il question en définitive sous les traits de la raison sensible pure ? La réponse à ces préoccupations nécessite avant tout l'élucidation d'un nouveau questionnement indispensable, celui de savoir si le geste de Heidegger qui pose comme principe de connaissance une « Raison sensible pure » constitue effectivement un accomplissement de la philosophie transcendantale. Dans quelle mesure la phénoménologie s'en trouve-t-elle renforcée dans sa détermination à saisir le transcendantal comme lieu de transcendance, voire en tant que l'*a priori ?*

---

[87] Voir RIVELAYGUE, J., Leçons de métaphysiques allemandes, tome II, Kant, Heidegger, Habermas, *op. cit.*, p. 395.

[88] RIVELAYGUE, J., *Leçons de métaphysiques allemandes, tome II, op. cit.*, p. 397.

[89] À la suite de Kant, qui d'ailleurs définit la connaissance comme *Gesetzmässigkeit* (la conformité à la loi), Fichte affirme que le fait de séparer le sujet de l'objet par l'imagination transcendantale n'affecte aucunement la possibilité d'une connaissance objective. Et l'imagination transcendantale reste cette source de la conscience où se produit la séparation.

Section IV-2- Le principe de « Raison sensible pure »

L'imagination transcendantale ainsi perçue, sert de fondement à la connaissance ontologique. Il n'est plus question de cette faculté d'intuition déterminée par Kant, de cette faculté de connaissance scindée entre sensibilité et entendement. En clair, parce que l'imagination intuitionne sensiblement l'objet, elle devient une faculté autonome et fondamentale. La démarche de Heidegger n'est pas anodine. Déjà avec Husserl, l'imagination aura perdu son assimilation à l'empirique comme nous l'avons évoqué. Libérée des modalités anthropologiques que sont le corps et les sens, elle intègre la modalité noétique et devient une dimension fondamentale de l'esprit. Elle conduit désormais la pensée à l'objectivité. Il faut en élucider la pertinence et l'importance pour la suite de notre démarche, en tenant dans cette nouveauté méthodologique accordée à la compréhension de l'ontologie fondamentale dans son projet d'appréhender l'essence humaine.

Ainsi, la lecture heideggerienne de Kant que nous exposons fidèlement jusque-là vise moins à innover qu'à présenter le mécanisme de la conceptualité de la pensée. On cherche donc moins à opposer la démarche métaphysique à celle phénoménologique qu'à justifier de la nouveauté radicale qu'apporte celle-ci à l'art de la pensée. Descartes l'a fait en partant d'Aristote et Kant en se positionnant par rapport à Descartes. L'éloignement de Heidegger d'une phénoménologie transcendantale (Husserl) au profit de la mise en œuvre de son ontologie phénoménologique vise moins à susciter une polémique de la pensée dont la phénoménologie gagnerait d'ailleurs à s'éloigner.

La phénoménologie, qui non plus n'a pas le dernier mot de la pensée, atteste que celle-ci n'est concevable que dans la mesure où elle reste respectueuse de son socle d'élaboration : la « Raison sensible pure ». Elle nous fait entrevoir le dynamisme de la répétition comme possibilité de la pensée elle-même. Aussi peut-on dire que la philosophie de Heidegger est une répétition de Husserl et que le premier a voulu tenir cette possibilité de penser à partir de Kant. Husserl lui-même qui a répété la tradition philosophique, n'ignore pas ce jeu de la pensée qui consiste à élucider l'impensé de toute pensée.

La conférence de 1924 sur *Kant et l'idée de philosophie transcendantale* expose la « phénoménologie transcendantale » comme héritière du Criticisme : « La révolution du mode de pensée philosophique dans sa totalité que Kant réclama et par laquelle il donna naissance au projet grandiose et peut-être même révolutionnaire d'une science nouvelle reste encore la revendication de l'époque présente, cette nouvelle science reste notre tâche et la tâche à laquelle la postérité ne devra jamais renoncer »[90]. Heidegger s'y est soumis en renouant avec la question de toute philosophie, le questionnement ontologique sur la base du schématisme kantien. Celui-ci fonde une approche phénoménologique d'être.

---

[90] *Husserliana,* VII, pp. 240-41. Cité par COURTINE, J.-F., *Heidegger et la phénoménologie, op. cit.,* p. 111.

Dans la mesure où il n'y a d'être que du *Dasein*, parce que seul le *Dasein* manifeste ce qui est, on accède à un savoir universel qui est détenu par un sujet transcendantal et non une subjectivité particulière. L'universalité du mode de savoir n'en fait pas un absolu de la connaissance, redisons-le. Kant est parvenu à cette imagination transcendantale en prenant appui sur l'empirisme sceptique de Hume. Celui-ci aura montré que l'esprit humain ne peut rien connaître de lui-même et, par conséquent, aucune connaissance absolue ne subsiste. Hume, rejetant ainsi la métaphysique traditionnelle qui monopolise l'entendement humain hors de l'expérience qui est sa seule possibilité, offre à Kant l'insatisfaction intellectuelle nécessaire pour resituer la raison dans sa possibilité métaphysique. Le penseur de Königsberg, en rétablissant la raison dans ses droits de questionner l'*a priori*, reconnaît à l'esprit humain en tant que structure *a priori* d'être la seule qui rend possible toute connaissance à la fois nécessaire et universelle. Il apparaît judicieux de voir dans la révolution kantienne, la reconnaissance de structure factuelle de tout *a priori* grâce à laquelle la limite de la connaissance humaine est légitime comme métaphysique phénoménologique.

C'est pourquoi, afin de remettre en lumière la fonction de l'entendement qui consiste à en déterminer la forme *a priori*, Heidegger se fonde sur l'imagination comme lieu de provenance des règles du discours vrai et formel. Cette imagination est fondée à partir de la faculté de percevoir par les sens (intuitions sensibles) qui chez Kant traite des formes *a priori* de la sensibilité (ce qui n'entre pas dans l'expérience) avec l'entendement. On atteint ainsi la composition de toute connaissance à partir de la combinaison des éléments purs de l'entendement et de la sensibilité. Cette « Raison sensible pure », qui est l'autre dénomination de *l'a priori* factuel, est le principe propre que nous attribuons à l'ontologie fondamentale pour laquelle il s'agit de penser l'être-là et non de connaître au sens théorique du thème. Ceci ne relève d'aucun domaine possible de savoir dans l'ordre d'une raison morale, mais pose toute possibilité de connaissance à partir du caractère fini de la raison nécessairement sensible. Le principe de « Raison sensible pure » est la pensée de l'être de ce qui est.

Penser l'être de ce qui est, c'est reconnaître ce qui se donne à partir de l'intuition. En cela déjà, Heidegger aura poussé la pensée plus loin que Kant en montrant que la raison pure, qui rend possible l'apparence transcendantale (illusion), coordonne la sensibilité, faculté des intuitions, et l'entendement, faculté des règles servant à l'organisation de la pensée. On accède à l'unité du sujet pensant confirmée selon le principe commun de « Raison sensible pure ». Car la sensibilité n'est plus un ajout conditionnel à la raison discursive, elle y est intégrée. En conséquence, on appréhende le caractère bien fini de la raison humaine grâce auquel on peut parvenir au seuil de la résolution complexe des problèmes connexes de la métaphysique et de la raison.

L'intuition que nous a fournie cette approche déduite de notre relecture de Kant par Heidegger est de refonder toute connaissance à partir du sujet connaissant. La méthode étant phénoménologique, cela justifie que tout projet de connaissance n'évolue qu'en changeant de méthode. D'où en partant de la révolution heideggérienne qui renforce la théorie kantienne de la connaissance comme analytique phénoménologique de l'imagination transcendantale, nous accédons à la connaissance de l'être et nous découvrons notre propre principe, celui de la reconnaissance de la question transcendantale comme *a priori* factuel. C'est le tout de la « Raison sensible pure ». Le projet étant d'illustrer la possibilité d'une finitude ontologique, il apparaît évident que par la « Raison sensible pure », la pensée de l'être que seul le *Dasein* rend possible accède à la connaissance de l'ipséité. Ce qui présente l'être-là comme pouvoir-être. La raison humaine peut aller au-delà de ses possibilités jusque-là confinées dans l'entendement dès lors qu'elle franchit le pas de la sensibilité.

Comment faut-il alors franchir le pas de la sensibilité jusqu'à l'introduire comme source de connaissance au même titre que la raison sans que la « Raison sensible pure » ne soit soupçonnée d'anthropologisme ? La section quatre du *Kantbuch* s'est donnée pour tâche la répétition *(Wiederholung)* du § 10 de *Sein und Zeit* afin que la métaphysique du *Dasein* soit tenue à l'abri de toute confusion avec une quelconque anthropologie quoique métaphysique. Il faut pousser loin cette interprétation en montrant qu'il n'y a de raison qu'humaine.

La question dès lors est de savoir jusqu'à quel seuil on peut encore soutenir que Heidegger s'inscrit dans le projet d'une philosophie transcendantale face à cette subversion de sens qui transpose l'imagination transcendantale dans l'ontologie fondamentale comme une « Raison sensible pure ». Le point commun demeure obvie. Kant fonde la connaissance du sujet à partir de la raison finie. Heidegger questionne le statut de cet entendement fini à partir de la figure originaire du *Dasein.* L'« humanité de la raison » est recherchée dans les deux cas à travers le passage d'une finitude originaire constatée à une finitude radicalisée comme ontologique. Qu'en est-il de l'humanité de cette raison ?

Section IV-3- L'« humanité de la raison »

Entre les deux Éditions de la Critique, Kant a abandonné le projet de fonder l'objectivité de la connaissance à partir de la subjectivité. Dans le § 31 du *Kantbuch* Heidegger évoque la question du recul de Kant face à sa propre découverte. La lecture de l'imagination transcendantale que nous justifions jusque-là se fonde sur la première édition de la *Critique de la raison pure*. Mais face à cette transcendance théorique que fonde l'imagination transcendantale, Heidegger reconnaît que Kant a reculé. Le recul reste bien justifié. Car, nous l'avons souligné, Heidegger fait de l'imagination transcendantale non seulement le fondement de la transcendance théorique (précompréhension de l'être), mais également de la raison pratique, la compréhension du moi comme personne déductive du respect à la loi morale. La pensée kantienne n'a jamais supposé la loi morale provenant du sujet lui-même. Ce qui explique une raison théorique différente de la raison pratique.

Cherchant les raisons du recul de Kant, alors même qu'il s'est déjà engagé dans l'instauration de son ontologie fondamentale, Heidegger envisage avant tout le questionnement portant sur le pouvoir de penser (déduction subjective). Alors que Kant pose la possibilité de fonder toute objectivité à partir de la subjectivité, il ne va pas jusqu'au bout du projet. Mais, loin d'abandonner le projet, il l'approfondit.

Heidegger souligne que Kant pose la question de savoir comment le pouvoir de penser est lui-même possible. Comment l'entendement peut-il se rapporter à l'intuition au point de former avec elle une seule et unique faculté de connaissance ? Mais le projet de Kant n'est pas dans cette ligne de détermination du pouvoir de penser. Il s'occupe de la raison pure, c'est-à-dire de l'évaluation du seuil de nos connaissances. Et c'est là que Kant devrait saisir l'imagination transcendantale comme source commune. Ceci ne sera pas développé dans la première édition de la *Critique*, ce qui en explique également l'absence dans la deuxième édition.

Mais la déduction subjective posée à l'infini renvoie l'imagination transcendantale à la sensibilité en lui assignant une fonction empirique. L'entendement prend à lui seul la fonction de fondement du savoir universel. C'est le retour à la logique, *logos* qui justifie l'absence d'une théorie de l'imagination transcendantale dans la première édition de la *Critique* et la surévaluation de l'entendement dans la deuxième édition. Alors qu'il pose l'objectivité de la déduction subjective sans la thématiser, Kant y supplée l'entendement. Pourquoi donc, se demande Heidegger, Kant a-t-il abandonné le projet de déduction subjective comme fondement du pouvoir de notre pensée ?

Sans y répondre, Heidegger va plutôt montrer le lien entre la raison pure pratique et la finitude. En fondant la finitude à partir de la raison pratique, il accentue le sens de la raison finie comme détermination du rationnel fini c'est-à-dire l'homme soumis au temps et à l'espace. Mais sa contingence n'en fait pas l'essence de la finitude. Autrement dit, la finitude n'est soumise ni au temps ni à l'espace. Mais c'est sa présence dans le temps qui la rend évidente à l'espace. D'où la temporalité est l'horizon clos qui fonde la finitude comme effectivité d'être. Toute connaissance et tout pouvoir de connaître s'énoncent dans le temps et seul le temps détermine l'essence du connaître. Le connaître humain en premier reste marqué de cette temporalité ontologique.

Ce qui nous importe dans la suite de notre compréhension de la finitude comme essence humaine, ce n'est plus seulement d'en avoir perçu le principe mais de montrer que ce principe est tenu dans le temps et par le temps. Pour déterminer l'essence du temps, la question « Qui est le temps ? » doit avoir pour réponse : « Je suis le temps ». Le *Dasein-fini* est une temporalité ontologique finie. C'est ce que nous avons à montrer dans le chapitre sixième qui mettra en rapport « temporalité et métaphysique » en vue de l'élaboration d'une métaphysique de la temporalité qui se veut métaphysique temporelle.

C'est pourquoi en fonction de l'humanité de la raison, la question anthropologique doit se préciser. Si « la finitude qui devient essentielle est celle de l'être rationnel fini et non celle qui est liée à la réceptivité »[91], la question « Qu'est-ce que l'homme ? » doit changer radicalement d'approche et devenir « Qui est l'humain ? ». C'est ce qui nous permet de récuser toute anthropologisation et de maintenir avec Heidegger qu'il s'agit, en ontologie fondamentale, d'un appel à la

91 RIVELAYGUE, J., *Leçons de métaphysique allemande, Kant, Heidegger, Habermas, op. cit.*, p. 436.

quiddité humaine. Comment tenir désormais la finitude, essence humaine, entre anthropologie et métaphysique au-delà de toute anthropologie métaphysique ? Ainsi notre lecture heideggerienne de Kant dévoile également « l'humanité de la raison » qui permet de montrer que le projet de l'ontologie fondamentale ne relève pas d'une élucubration théorique mais s'impose comme le fondement de toute connaissance. Notre étude le montre. L'instauration du fondement de la métaphysique a pris la forme d'une critique de la raison pure. Heidegger a discerné dans la *Critique* le véritable devenir des déterminations essentielles de la connaissance ontologique à partir des éléments de la connaissance pure. Son interprétation a rendu effective l'appréhension et la compréhension de l'étant comme étant. À cette structure d'être de l'étant est liée la transcendance de l'homme que la finitude de l'homme et de sa raison a rendu effective. C'est le centre de la réflexion que nous déterminons à la suite des nombreux traducteurs et commentateurs du *Kantbuch* comme « l'humanité de la raison ». De la raison humaine découle nécessairement l'humaine raison.

Cette « humanité de la raison » contraste avec la tradition rationaliste dans laquelle pensée et connaissance sont tenues pour une accession à l'absolu et n'apparaissent chez l'homme que comme des accidents l'empêchant de déployer ses possibilités. Au lieu de tenir cet empêchement comme une limitation, l'ontologie fondamentale « met en lumière la finitude comme structure positive et essence même du connaître ». La question n'est plus celle de l'inventaire des défauts et de ce que la finitude empêche de réaliser comme connaissance mais de montrer comment finitude et connaissance, par la transcendance précisément, s'imbriquent l'une dans l'autre : « La nature intrinsèque finie de notre connaissance s'annonce à nous, non pas dans son caractère intuitif, car toute connaissance, quelle qu'elle soit, est essentiellement intuition, mais en ce qu'elle est une intuition réceptive, c'est-à-dire une intuition qui se rapporte de soi à un étant-déjà-existant, une intuition qui n'est pas créatrice mais appréhensive de son objet ».

À cette nature réceptive de notre connaissance restent réticents beaucoup d'interprètes de Kant. L'accent qu'ils cherchent à mettre plutôt sur la pensée comme l'autre faculté de connaissance comme dévoilement de l'infini en nous, est pour Heidegger non nécessaire. C'est même impossible pour le penseur du sens de l'être. Il justifie avec des textes de Kant lui-même que « la pensée n'est pas une faculté de connaissance autonome », mais qu'elle est de soi au service de l'intuition. Autrement dit, « si l'intuition a le primat, si, de surcroît on montre que la connaissance divine, parce qu'intuition créatrice, n'a que faire de la pensée, on aura montré aussi que la pensée porte d'emblée le sceau de la finitude »[92]. La connaissance tout entière en vue de son unité est marquée du sceau de la finitude.

Autrement dit, la tâche de la pensée comme une intuition finie se situe dans la non-représentativité thématique du général. Elle ne représente pas le « général » pour lui-même mais toute représentation reste en vue du non représentable. Mieux, son objet n'est pas l'humanité d'un type d'homme considérée pour elle-même et en elle-même, mais seulement cette « humanité » en tant qu'elle permet

[92] KPM, p. 86 § 5 : « L'essence de la finitude de la connaissance ».

d'exprimer ce que l'intuition a saisi du type d'homme. Ce qui met en lumière ce que l'intuition implicitement appréhende de commun avec tous les hommes au-delà d'un type d'humain particulier. Heidegger règle ainsi la question de l'intersubjectivité que Kant fut le premier à poser. La finitude de la pensée qui n'est pas une tâche de passivité dans l'ordre de la connaissance approuve « la transmission intersubjective des connaissances déjà acquises et la possibilité, condition de cette transmission »[93]. La pensée a donc pour rôle d'expliciter et de communiquer l'intuition dont la finitude reste l'objet de détermination. Cette finitude révèle l'humaine condition sans se borner à la condition humaine, laquelle se limite à une anthropologisation de la connaissance de l'homme.

La démarche de Heidegger en venant de Kant grâce à Husserl est loin de toute anthropologie. La question de l'homme qu'il centralise se radicalise comme détermination de l'humanité de la raison elle-même au fondement de laquelle seule la finitude prévaut comme pensée intuitive. Pour en montrer les implications dans l'avènement d'une science de l'être qui tient l'ontologie dans la temporalité, il faut encore clarifier le statut de cette finitude non anthropologique. Le débat étant vif dans le *corpus* heideggerien, notre lecture du *Kantbuch* ne saurait en faire l'économie. D'ailleurs la section quatrième relative au schématisme kantien y incite comme nous le rappelions. Il importe à présent d'en situer les implications aussi bien à partir de la question du sens de l'être que de celui de la phénoménologie elle-même. La démarche empirique de celle-ci la contraint-elle à souscrire au questionnement anthropologique ? Qu'est-ce que l'anthropologie dans ce cas ? Comment se renouvelle-t-elle comme questionnement de l'être de l'être humain dans une métaphysique du *Dasein* ?

---

[93] KPM, p. 20.

CHAPITRE V

De la méta-anthropologie à la méta-métaphysique

La finitude ontologique élaborée sous le schème phénoménologique de l'imagination transcendantale ne peut passer sous silence la question de l'anthropologie métaphysique. Entre objections et confusions, l'élaboration de la métaphysique du *Dasein* a connu diverses accusations qu'il importe de clarifier tout en montrant l'intérêt accordé par la phénoménologie au renouvellement de la question de l'homme comme questionnement devant nécessairement porté sur l'être humain. La question est de savoir si l'avènement d'une telle science rigoureuse (Husserl) a pu être un atout dans la détermination du phénomène humain. Ceci ne fut pas l'objectif de Husserl encore moins de Heidegger alors même que la phénoménologie est née dans un contexte de crise anthropologique. Heidegger et Husserl ont préféré prendre leur distance à l'égard du tournant anthropologique de la philosophie sans toutefois abandonner la cruciale préoccupation du sens d'être de l'être humain.

L'élaboration de la métaphysique du *Dasein*, qui n'écarte point la prise au sérieux de la question anthropologique, doit se démarquer de toute réponse figée au sujet de « la nature humaine » pour garder le lien essentiel avec le savoir sur l'être. La conférence donnée par Heidegger le 24 janvier 1929, *Philosophie Anthropologie et Métaphysique du Dasein,* avait pour enjeu de préciser cette caractéristique fondamentale de la métaphysique du *Dasein* en posant l'essence du *Dasein* comme préoccupation majeure et exclusive de la philosophie au-delà de toute anthropologie philosophique. La confusion avec l'héritage kantien ne manqua cependant pas. Entre Kant qui ramène les trois questions métaphysiques à une quatrième qui les suppose, « Qu'est-ce que l'homme ? », et l'anthropologie métaphysique qui va lui succéder, il faut préciser l'objectif heideggérien comme une méta-anthropologie et par la suite comme méta-métaphysique.

Section V-1- Une méta-anthropologie

Dans son *Anthropologie du point de vue pragmatique* de 1798, Kant pose une « doctrine de la connaissance de l'homme » dans tous ses déploiements, physique, culturel et sociologique, de manière à le comprendre en tant que *citoyen du monde.* Il évite ainsi de limiter l'homme à sa dimension purement empirique. Une telle approche ne rend cependant pas compte des potentialités de la liberté de l'homme et se limite à une simple connaissance de sa nature animale et sociale. La spécificité de l'*anthropologie pragmatique* de Kant est de voir en l'homme cet englobant qui ne se laisse définir par aucune parcelle de sa structuration mais qui doit être pris et compris dans sa totalité. Il suppose, pour atteindre une science de l'homme, de partir de la connaissance restreinte de l'homme. Heidegger voit dans la seule supposition de connaissance le risque encouru par Kant de conduire l'humain à sa perdition comme l'a montré l'anthropologie philosophique qui va s'élaborer à la suite de l'initiateur de la finitude mais sans plus tenir compte de cette finitude ontologique.

Si, aux yeux de Heidegger, Max Scheler (1920) dans une certaine limite, Plessner (1928) et Gehlen (1940) n'ont pas su élaborer une anthropologie qui soit une réponse à l'essence humaine de l'être humain, il nous faut montrer que la métaphysique du *Dasein,* en comblant cette lacune, se situe au-delà de toute anthropologie empirique en se posant comme une méta-anthropologie.

L'objectif de la conférence que nous citions, *Anthropologie et métaphysique du Dasein,* donnée le 24 janvier 1929 à la *Kantgesellschaft* de Francfort, visait en effet à une clarification entre anthropologie et métaphysique. Entre « Qu'est-ce que l'homme ? » et « Qu'est-ce que l'étant ? » Heidegger exige une clarification notionnelle entre l'homme et l'étant. C'est d'ailleurs avec Max Scheler, dans *Zur Idee des Menschen,* qu'il illustre ses analyses. Ses propos dénoncent un anthropologisme qu'il accuse d'avoir concentré le questionnement philosophique sur la notion d'homme au point d'en ignorer l'essence. Or, parler de l'homme sans viser son essence, c'est ignorer l'être humain. La préséance ainsi accordée à la métaphysique montre qu'il y est question non de l'essence empirique de l'homme mais de l'essence même du *Dasein.* Car le *Dasein* est la manifestation de la compréhension ontologique de l'homme par laquelle l'humain est compris à la dimension de son être constitutif en tant qu'étant hors de toute conceptualité biologique, sociologique ou physique.

En concentrant ainsi toute l'énergie philosophique sur le *Dasein,* Heidegger réalise la tâche de la philosophie comme la quête de l'être de l'étant. Poser le *Dasein* comme indice de l'être en l'homme montre que la philosophie ne peut s'accomplir que comme métaphysique du *Dasein.* Pour y réussir il faut focaliser l'attention sur ce qui, dans le *Dasein,* rend possible sa transcendance en tant que dépassement de tout étant pour s'ouvrir au monde, en même temps qu'il faut clarifier la temporalité de cette compréhension de l'être. Dans cette dynamique, l'anthropologie et la métaphysique s'assument toutes deux dans l'ontologie fondamentale.

La tâche de celle-ci est de renouveler la question anthropologique à partir de la nécessité de cette mise en question sur la base de la « Raison sensible pure ». Car « La finitude n'est pas une propriété accidentelle de la raison pure humaine, mais définit pour celle-ci la nécessité de se rendre finie, c'est-à-dire le "souci" d'un pouvoir être »[94]. Il le précise encore autrement pour justifier que l'instauration kantienne n'est pas une question anthropologique :

Quelles que soient la diversité et l'importance des connaissances que l'anthropologie philosophique nous apporte au sujet de l'homme, elle ne peut légi-

[94] KPM, p. 273.

timement prétendre être une discipline fondamentale de la philosophie du seul fait qu'elle est anthropologie. Au contraire, elle risque constamment de nous dissimuler la nécessité de développer comme problème la question de l'homme et de lier ce problème à l'instauration du fondement de la métaphysique[95].

Pour s'en apercevoir et mieux s'accorder au nouveau questionnement de l'essence de l'homme mis en œuvre par l'ontologie fondamentale, la philosophie contemporaine, axée notamment sur l'herméneutique de l'ipséité en cours dans la phénoménologie française contemporaine, exige une réévaluation de la « fonction *méta* ». En attendant d'y revenir dans une analyse plus explicite, il importe de remarquer que seule la métaphysique du *Dasein* peut porter cette charge phénoménologico-ontologique à travers sa « sémantique » universelle qui fait passer à une méta-anthropologie, comme le suggère Jean-François Courtine, qui montre que la démarche de Heidegger, loin de toute anthropologie ontologique qui ne serait rien d'autre qu'une compréhension empirique de l'homme, tient plutôt dans une méta-anthropologie.

Pour saisir l'essence humaine en dehors des catégories d'âme et de corps, d'animal raisonnable, de « vivant doué de parole », il faut évidemment le dépouiller de sa subjectivité et de sa réflexivité. Le refus de subordonner la transcendance humaine à un *ens finitum* fait appel à une conceptualisation ontologique de l'existence humaine en tant que fondement ontique de l'être humain. En déterminant l'essence de l'homme à partir du « *Dasein* en l'homme » à l'encontre de toute définition de l'homme comme sujet subsistant, son investigation ne vise pas à la modification de l'essence de l'homme mais à sa compréhension. Il ouvre l'accès à l'humanité de l'être humain voire à sa dignité.

En effet, Aristote et toute la métaphysique grecque, en déterminant l'anthropologie comme science de l'homme, ont placé l'essence de l'homme en rapport avec l'être de l'étant en totalité[96]. Il s'agissait de comprendre l'âme comme ce que l'homme est et ce qui le dépasse en même temps qu'il le détermine. Le *logos* héraclitéen et la *psychè* platonicienne restent assimilés à cette réalité totalisante qui détermine l'essence physique de l'homme. La métaphysique, avec Descartes, confirme également cette assurance, cette centralité de l'homme comme sujet du tout. Ce que d'ailleurs soutient en conclusion Kant, pour qui la question « Qu'est-ce que l'homme ? » réunit les trois autres questions dans la mesure où l'homme est la synthèse des déterminations phénoménales de la nature et nouménales de la liberté[97]. L'homme a conservé cette certitude de son essence en tant que vivant doué du *logos* et animal raisonnable. Du fait de sa nature découle son essence. Il se reçoit aisément de ce qui façonne sa nature, ce « quelque chose que lui-même et qui pourtant le dépasse et s'étend au-delà de lui » selon le commentaire que donne Heidegger du *De anima* d'Aristote (GA.65-315).

---

[95] KPM, p. 175.

[96] ARISTOTE, *De anima*, 431 b21.

[97] KPM, p. 263.

Sous cette figure d'animal raisonnable par laquelle l'homme se définit, est également prise en compte la figure de l'homme visée par la tradition judéo-chrétienne. Pour celle-ci aussi, l'homme est défini comme produit d'un ouvrier dont il porte la marque relationnelle : l'homme est l'image et la ressemblance de Dieu et comme tel se reçoit constamment de cette transcendance[98]. Nous ne manquons pas cependant de reconnaître mais sans l'approfondir dans ce travail, l'élévation du genre humain que confère la révélation à *l'ens creatum,* qui fait l'homme plus qu'un simple animal doué de raison par la grâce et la vision d'une vie éternelle.

Dans la métaphysique moderne axée sur la subjectivité de l'homme, l'essence prend une dimension anthropomorphique établissant la centralité de l'homme comme l'unique principe de détermination de toutes les normes à partir desquelles il se représente comme l'être de l'étant. Nietzsche dans la phase accordée au Surhomme pour redonner force à l'homme, exprimait sa lassitude en prophétisant une mutation de l'homme : « Nous sommes fatigués de l'homme »[99]. Heidegger s'insurge contre cette démarche nietzschéenne et montre que l'homme a plutôt acquis démesurément l'idée de sa puissance. Et l'homme, c'est le Prométhée trop fier de lui-même dont il faut être fatigué.

En déconstruisant toute cette tradition, l'analytique du *Dasein* que nous avons précédemment exposée, vise plutôt à une essence unifiée de l'humain. La dualité corps et esprit pour appréhender l'essence humaine est supprimée au profit d'une humanité appréhendée dans sa facticité. Cependant, Heidegger ne cherche pas à définir une nouvelle anthropologie. Dans la mesure où la définition de l'homme comme « *homo animalis, zôon logon* » reste figée sur le naturaliste et le chosifiable en l'homme, elle n'a pas su appréhender le pôle de réalisation de l'humain en l'homme. Le philosophe préconise alors un retournement de la tradition sur elle-même en s'orientant cette fois-ci vers l'élémentaire de l'homme. Ceci est pour Michel Haar une évidence :

Retrouver l'élémentaire de l'homme, c'est retrouver ce qui le rend possible en deçà même du biologique, ce à partir de quoi il est. Être dans son élément, c'est être soi-même. L'élément de l'homme, son sol abyssal, c'est l'être, étrange milieu qui ne le porte pas, mais l'emporte et l'exporte. Revenir à l'élémentaire, c'est revenir à la situation fondamentale de l'homme par apport à l'être, par rapport à son être[100].

L'analytique du *Dasein* vise selon les expressions de Michel Haar, à dégager « une voie qui permette de poser à nouveau la question de l'être »[101]. Le choix radical de la thématique du *Dasein* en remplacement de celle de « sujet ou d'homme » exprime combien Heidegger cherche à démarquer son cheminement de toute métaphysique moderne. Mais la question qui reste posée, et qui rallie toujours Hei-

---

98 Livre de la Genèse 1, 26, voir SUZ, MARTINEAU, E., *op. cit.*, p. 48.

99 NIETZSCHE, F., *Généalogie de la morale*, I, § 12.

100 HAAR, M., *Heidegger et l'essence de l'être, op. cit.*, p. 96.

101 *Ibid.*, p. 11.

degger à toute impossibilité de se démarquer de l'anthropologie traditionnelle, est de savoir pourquoi l'accueil de cette nouvelle structure unitaire du *Dasein* par laquelle il veut dépasser la dualité traditionnelle, conserve toujours un rapport à soi. Pourtant, l'enfermement sur soi (solipsisme-égocentrique) est ce que le penseur du sens de l'être reproche le plus à la tradition cartésienne.

Préoccupée de consolider le *« subjectum »*, l'anthropologie n'a jamais pu questionner en direction de l'humain, c'est-à-dire en vue « *du* » métaphysique en l'homme ; elle s'est contentée, sous la question « Qu'est-ce que l'homme ? », d'élaborer celui-ci à la dimension d'une approche scientifique. L'échec de cette décision « d'une autoposition absolue » oblige à la reprise kantienne de la question qui contient déjà en son sein les questions métaphysiques traditionnelles pour chercher à ouvrir, contre le positionnement unique et stable auquel prétend le « Je », le chemin vers « la priorité de l'ultime préséance » qu'est l'humain de l'homme, non d'une hominisation particulière mais en faveur d'une humanisation universelle. Ce n'est qu'à l'horizon de cette question méthodologiquement reconduite que s'éclaire le sens de la subjectivité égologique de l'humain d'où « s'ouvre l'essence de l'homme à l'épreuve de sa radicalité incertitude » et qui « met en mouvement la recherche de son identité ou de son ipséité ». C'est là que la question, toujours anthropologique parce que question de l'homme, s'impose comme la question à partir de laquelle la décision pour l'essence de l'humain implique dans le même sens la décision pour l'essence de la métaphysique. Le croisement des deux questionnements, renchérit Jean-François Courtine, radicalise « toute tentative de re-fonder un retour au fondement de la métaphysique ». La question « Qui est l'homme ? » donnant ainsi son point fixe à la question de savoir ce qu'est la métaphysique en son identité essentielle[102].

Cette conviction que nous avons justifiée jusqu'ici, montre combien avec Heidegger la méditation sur l'être humain ne peut que partir de ce qui autre que l'homme lui reste originaire. La mise en œuvre de ce fond originaire est le propre de l'analytique du *Dasein* qui, visant à la mise en route de la quête de l'essence de l'humain au détriment de toute perspective empirique, a pour but de montrer que le « retour au fondement de la métaphysique » conduit à la compréhension de l'identité de la métaphysique elle-même.

Dans le cours d'été 1930 *Sur les problèmes fondamentaux de la métaphysique* (GA 31), Heidegger évoque cette finitude comme la possibilité de réalisation ultime de la grandeur humaine. Cette grandeur acquise par la finitude en tant qu'essence de l'humain ne débouche pas sur une anthropologisation mais sur une analytique de la nature finie de l'homme entendue une métaphysique du *Dasein*. Si elle n'exclut pas la question métaphysique, elle ne s'en préoccupe point comme une détermination de la nature de l'homme mais comme la définition de l'essence de l'humanité. Il faut aussi s'accorder avec Rémi Brague et beaucoup d'autres interprètes orthodoxes de l'ontologie fondamentale pour confirmer en dernier ressort que « parler d'une anthropologie de Heidegger, c'est renverser le projet de celui-ci, et s'exposer à y trouver des omissions qui seraient inexcusables dans une anthro-

102 *Ibid.*, p. 66-67.

pologie – la nutrition, la sexualité, la politique, qu'il n'est pas... La tâche de la philosophie n'est pas l'anthropologie mais la libération du *Dasein* en l'homme. Ce qui est essentiel au *Dasein* qui habite en l'homme (ou dans lequel l'homme habite), Heidegger l'appelle finitude »[103].

Section V-2- Possibilité d'une anthropologie phénoménologique

Au § 37 du *Kantbuch* Heidegger réaffirme que : « Comme l'homme n'apparaît pas seulement sous la forme d'un être naturel mais qu'encore il agit et crée, l'anthropologie doit aussi chercher à savoir ce que l'homme comme être agissant "tire de lui-même", ce qu'il peut et doit en tirer »[104]. Malgré cette vision de l'humain radicalement confirmée, la métaphysique du *Dasein* doit encore se justifier face à l'accusation d'anthropologisme afin « d'acquérir l'univocité d'une interrogation sur la finitude de l'homme »[105].

Cependant, doit-on dénier à la phénoménologie tout rapport avec les sciences humaines ? L'actualité d'une phénoménologie anthropologique envisagée comme anthropologie phénoménologique en cours dans les œuvres de Hans Blumenberg, oblige à reconsidérer la figure de l'homme dont la philosophie contemporaine se préoccupe. Dans quelle mesure peut-on fonder une phénoménologie à partir d'une anthropologie philosophique[106] ?

L'état des lieux sur la réception de la finitude heideggérienne en phénoménologie interpelle l'anthropologie contemporaine à plusieurs égards. Dans son article « Description du *Dasein*. Remarques sur la possibilité d'une lecture anthropologique de *Sein und Zeit* à partir de Blumenberg »[107], Christian Sommer surmonte l'inquiétude du questionnement anthropologique de la finitude heideggérienne en mettant Heidegger en débat avec Hans Blumenberg et toute l'anthropologie contemporaine en général.

Le vrai questionnement est de savoir de quoi il est question dans le discours phénoménologique si ce n'est de l'humain et de ses vécus de conscience. La phénoménologie n'a-t-elle aucun autre langage que celui de l'anthropologie ? De Heidegger à Merleau-Ponty, peut-on dire qu'il s'agit, comme l'affirme Étienne Bimbe-

---

103 BRAGUE, R., « La phénoménologie comme voie d'accès au monde grec », dans Maxence Caron, Cahiers d'Histoire de la Philosophie (Éd.), *Heidegger*, Paris, Cerf, p. 111-146.

104 KPM, p. 265.

105 KPM, p. 274.

106 HUSSERL, E., *Notes sur Heidegger*, tr. Didier Franck, *op. cit.*, p. 58.

107 SOMMER, C., « Description du *Dasein.* Remarques sur la possibilité d'une lecture anthropologique de *Sein und Zeit* à partir de Blumenberg. », *Alter*, 2015, n° 23 [Anthropologies philosophiques], p. 63-73.

net, d'une « chasse sans prise »[108] ? Qu'en est-il de l'anthropologie du « corps épandu » d'Emmanuel Falque, nous y reviendrons, qui aussi tente d'élargir l'horizon de la phénoménalité au-delà d'une simple anthropologie empirique ? Avec Hans Blumenberg, ce qui importe est de faire comprendre que c'est la méthode (phénoménologie) qui investit la réalité anthropologique cédant de fait à une phénoménologie qui s'élabore au-delà d'une simple anthropologisation. Son questionnement peut-il permettre une saisie de la finitude au-delà de l'horizon tracé par l'ontologie fondamentale ?

5-2-1- Hans Blumenberg

La pensée de Blumenberg connaît untel rayonnement qu'on ne saurait l'ignorer dans un travail sur la détermination de l'essence humaine. En effet, là où la nouvelle philosophie cherche à récuser le questionnement anthropologique Blumenberg entend montrer qu'il s'agirait d'une démission de la pensée elle-même que de ne pas chercher à se comprendre elle-même avant de prétendre comprendre la réalité. Il ramène ainsi la phénoménologie à son vrai enjeu au-delà de tout détour de la pensée que Heidegger et encore Husserl auraient provoqué. Pour lui, la philosophie ne vise à rien d'autre qu'au questionnement anthropologique. Et comme phénoménologie, la philosophie dispose plus que jamais des outils conceptuels adéquats pour déterminer l'essence de l'homme dans son intégralité sans pudeur métaphysique ni réserve anthropologique.

Hans Blumenberg est né à Lübeck le 13 juillet 1920 ; il meurt à Altenbergen le 28 mars 1996. Il a été professeur de philosophie dans diverses universités allemandes, en dernier lieu à Münster. Dès 1945 sous la direction de Landgrebe, assistant de Husserl, Blumenberg approfondit sa formation philosophique. Sa thèse d'habilitation de 1950 porte sur « *La distance ontologique. Une étude sur la crise de la phénoménologie d'Husserl* ». Ce qui relève de l'hérésie phénoménologique pour Husserl et provoque une « phobie » chez Heidegger[109] apparaît aux yeux de Blumenberg comme l'essentiel même du questionnement phénoménologique.

Son interrogation est de savoir « de quoi doit-il être question dans le discours philosophique ? », « De quoi doit parler la philosophie ? ». Contrairement aux autres sciences qui disposent d'un objectif précis, c'est la question elle-même qui fonde la philosophie. Dans cette vision où la question se confond avec le question-

---

[108] BIMBENET, E., « "La chasse sans prise" : Merleau-Ponty et le projet d'une science de l'homme sans l'homme », *Les Études philosophiques*, vol. 57, no. 2, 2001, p. 239-259.

[109] Blumenberg pense que c'est pour des raisons contingentes que Heidegger s'est efforcé de réfuter les lectures « anthropologiques » de *Sein und Zeit* : « la translation (*Überführung*) voulue par Heidegger de l'analytique du *Dasein* en ontologie fondamentale est une demande arbitraire, qui n'a découlé que de la contingence factuelle de son propre devenir philosophique. Le rejet du rôle principal pour l'anthropologie relève de cette contingence, car précisément dans l'évitement de l'ultime transcendance eidétique de la conscience, qui le distingue de Husserl, aurait pu s'opérer la réhabilitation phénoménologique de l'anthropologie ».

nant, le questionné devient la cible essentielle. L'homme qui pose la question devient lui-même la question à examiner et offre la possibilité d'un passage de « l'anthropologie empirique » à une « phénoménologie anthropologique ». On note ainsi chez Blumenberg une phénoménologie anthropologiquement orientée qui ne délaisse pas le caractère spécifiquement humain de l'être humain. C'est ce dont traite *Beschreibung des Menschen* qui rend possible le « retour à la chose même ».

Description de l'homme (*Beschreibung des Menschen, Zu den Sachen und zurück*) ébauche l'entreprise, prenant des distances à l'égard de « toute ontologie fondamentale » et vouant l'interdit anthropologique de Husserl à une contradiction interne, à son intuition qui ne peut se passer du rapport entre l'*eidos* Moi et *l'eidos Homo sapiens*[110]. Dans sa prise en compte de l'homme global et dans sa totalité, Blumenberg suggère que la question primordiale soit celle kantienne : « Comment l'homme est-il seulement capable d'exister ? » Il souligne que la phénoménologie n'a fait que substituer au référent « homme » le terme de « conscience » chez Husserl et de « *Dasein* » chez Heidegger[111]. En dénonçant ce qu'il appelle « phobie anthropologique » chez Heidegger, il remarque le mélange conceptuel entre anthropologisme et humanisme et s'élance dans l'exploration des concepts clés de visibilité, de la variation imaginaire et de *Lebenswelt* en rapport étroit avec l'anthropologie philosophique issue de Kant, celle notamment de Gehlen, Plessner et Cassirer. Son mot d'ordre phénoménologique dès lors devient : « *Zu den Sachen selbst und zurück* ».

L'opération de mise à distance de tout ce qui effraie l'humain fait appel aux instruments intellectuels et pratiques tels les rituels servant à convertir « l'angoisse » de l'inconnu en « peur » déterminée : peur des dangers ou de la science. Blumenberg dénonce une anthropologisation de l'angoisse élaborée par Heidegger dans *Sein und Zeit*. Dans cette distinction entre angoisse et peur issue de Kierkegaard il parle d'une « intentionnalité de la conscience sans objet ». Alors que l'objet de la peur est connu et déterminé, l'angoisse est sans objet ce qui la rend plus effrayante pour le sujet. Mais c'est bien dans ce non objet qu'apparaît son enjeu existentiel, voire anthropologique.

Une telle analyse, qui croise non seulement la néoténie mais aussi la psychologie des profondeurs, est ontologique pour Heidegger. Mais pour Blumenberg cette

---

110 Cf. HUSSERL, E., *Briefwechsel*, vol. III ; Husserliana t. XXIII, *Phantasie, Bild, Erinnerung*, trad. fr. Phantasia, conscience d'image, souvenir, Éd. J. Millon, 2002. Ces nombreux travaux sur les rêves, les souvenirs et la mémoire ne fournissent pas qu'une phénoménologie du rêve ou du souvenir mais bien une dimension psychanalyste de l'existence. On en vient ainsi à une phénoménologie de l'imagination en rapport à une anthropologie phénoménologique (Fink, Binswanger). C'est sur ce point de *Selbstumfiktion*, selon le mot de Husserl lui-même, que Blumenberg laisse éclater la phénoménologie vers les thématiques anthropologiques.

111 Blumenberg pense que c'est depuis SUZ § 5 que le renouvellement de l'anthropologie philosophique s'est opéré. Il ne faut pas oublier que SUZ est dédié à Max Scheler avec qui Heidegger était en étroite relation et à l'invitation de qui fut prononcée la conférence *Philosophische Anthropologie und Metaphysik des Daseins* de 1928. C'est d'ailleurs contre les deux philosophes, qu'il appelle « mes antipodes », que Husserl initie la série de conférences de 1931 pour préserver son entreprise de toute invasion anthropologique.

analyse est révélatrice de ce que l'homme est, « être sans raison d'être », dont les religions, la métaphysique, viennent combler le « besoin de consolation »[112].

Le premier chapitre « *Phänomenologie und Anthropologie* » énonce à la fois une compréhension et une réfutation de « *l'interdit d'anthropologie* » (*Anthropologieverbot*) ou « *l'exclusion de l'anthropologie* » philosophique, aussi bien chez Husserl que chez Heidegger. En s'appuyant sur les thématiques de *Dasein und Bewusstsein*, il y voit les éléments de réticence pour faire de l'homme le référent privilégié de la question phénoménologique. La possibilité de constituer une anthropologie phénoménologique est plus « nécessaire » que son effectivité. Du fait que l'interdit apparaît expressif chez Husserl pendant qu'il est fait de quelques hésitations du côté de Heidegger, s'ouvre la brèche pour une « anthropologie philosophique-phénoménologique ».

En effet, dans la *Krisis* Husserl montre que toutes les hypothèses scientifiques se fondent sur le « monde » en tant que fondement de toute hypothèse. Blumenberg, dans le même ordre d'idée, énonce les variations phénoménologiques sur l'hypothèse du fondement anthropologique. Il souligne, faisant allusion à Husserl, que toute la philosophie est une discipline de l'hypothèse. Il évoque : la variation imaginaire, les multiples savoirs empiriques sur l'homme (psychologie, anthropologie, histoire et préhistoire, psychanalyse...) et même les variations non phénoménologiques telles que les mythes ou les fictions littéraires, par exemple, dans le chapitre « *Variations de visibilité* », les mythes d'Adam au Paradis (pour la nudité et la honte), de Narcisse (pour l'érotisation du corps propre et sa saisie « comme autre » dans le reflet), mais aussi des écrits littéraires de Keyserling, de Stendhal (De l'amour), ainsi qu'un merveilleux passage de Stevenson. Tous « ces mythes et fictions », Blumenberg les adopte en tant que métaphore anthropologique : *Paradigmen zu einer Metaphorologie* et *Arbeit am Mythos*.

Sa thèse de l'homme comme *Mängelwesen* avoisine celle d'Arnold Gehlen sur « l'artificialité nature ». Gehlen est parti de Hobbes qui déjà plaçait l'homme à l'état de nature dans une situation de danger total (d'exposition permanente à la mort violente), de dénuement complet, où ne pouvait régner que la guerre de tous contre tous, si bien que la sortie de l'état de nature pouvait/devait prendre la forme d'une aliénation totale de la liberté à l'état absolutiste. Blumenberg remet en question cet « absolutisme des institutions » que Gehlen emprunte à Hobbes et dont les conséquences antilibérales sont évidentes pour l'anthropologie. Car Gehlen sera porté à faire de l'homme *ein Wesen Zucht*, un être d'élevage, qui doit tout aux institutions. Mais dans la mesure où celles-ci ne compensent que les manques sans l'assumer, Blumenberg pense aller au-delà. Pour lui, l'homme est un être auquel manque l'essentiel : « Le manque de dispositions de l'homme à un comportement réactif vis-à-vis de la réalité, sa pauvreté instinctuelle, est le point de départ de la question centrale de toute anthropologie : comment cet être peut-il exister malgré son "indisposition" biologique ? »[113]

---

[112] BLUMENBERG, H., *Höhlenausgänge*, Frankfurt/Main, Suhrkamp, 1988, p. 811.

[113] Cf. BLUMENBERG, H., *Anthropologische Annäherung an die Aktualität der Rhetorik*, 1971.

L'anthropologie se présente dès lors comme le discours portant sur cet *ein [...] Wesen [...], dem wesentliches mangelt,* un être auquel manque l'essentiel. Blumenberg ne voit donc aucune certitude sur l'existence de l'homme en dehors d'une démarche anthropologique consistant à détruire ce qui est supposé naturel en l'homme. Comme le montre la théorie de l'évolution, il y a une difficulté de « conservation de soi » qui justifie que l'homme n'existe pas comme tel et qui en même temps provoque la remise en cause de l'anthropologie traditionnelle dans sa scission culture/artifice, nature/culture : « la culture humaine est un programme de secours *(Notprogramm)* visant à compenser les défauts de constitution biologiques ». Tout ce qui s'ajoute à l'humain en l'homme : culture, technique et institutions, sont autant de palliatifs « naturels » qui compensent sa faiblesse « naturelle ». Il dira dans *La légitimité des temps modernes*, et ce contre Heidegger sans aucun doute, que la technique moderne loin d'être une modalité de l'oubli de l'être répond plutôt à la manière dont l'homme moderne fait « de la déficience de la nature le moteur de son comportement global ». Le « manque » comme dénuement complet reste à la fois primitif et insurmontable mais c'est un manque contre lequel l'homme est à la recherche constante d'artifices.

Un autre aspect de la réflexion anthropologique de Blumenberg porte sur la *Visibilität* qui dépasse le simple statut corporel et physique de l'homme pour signifier que l'homme « est déterminé et traversé en permanence par le pouvoir-voir de l'autre » ; il y a un « complexe anthropologique de la visibilité, du pouvoir-être-vu », qui consiste non seulement à savoir de quoi on a l'air (sans d'ailleurs peut-être ne jamais être tout à fait sûr de quoi on a l'air), mais aussi à être conscient du fait « *daß man aussieht* », que l'on a l'air de quelque chose, « que l'on m'identifie à mon apparence (*Erscheinung*) et par elle ». C'est en s'appuyant sur la nudité et la conscience qu'on peut en avoir dans tout son déploiement anthropologique que Blumenberg élabore la portée culturelle des variations en causes. Ici encore, il part des mythes, dont celui d'Adam au Paradis dans sa honte de cacher sa nudité après la consommation du fruit prohibé. Blumenberg décèle dans cette attitude « le fil conducteur pour une variation phénoménologique ». Il écrit justement au sujet de la valeur du mythe : « Les millénaires au cours desquels il a été raconté, interprété et mis en image, ont donné lieu à quelque chose comme une "vie propre" qui est tout à fait indépendante des résultats de la recherche des sources et du désenchantement (*Ernüchterung)* critique. Le travail phénoménologique doit se représenter la manière dont les expériences élémentaires de soi et les opérations de la conscience ont pu advenir »[114].

En rapprochant le symbolisme du mythe de l'enjeu de la phénoménologie, Blumenberg pense qu'autant la conscience d'être vu met le corps devant sa nudité incontournable, autant la phénoménologie ne peut échapper à la volonté de visibilité. Ce serait, pense-t-il, une politique de l'autruche comme « l'enfant qui ferme les yeux pour ne pas être vu ». C'est à travers des thématiques de détours nécessaires,

---

114 Cité par MONOD, J.-C., « L'interdit anthropologique chez Husserl et Heidegger et sa transgression par Blumenberg », *Revue Germanique Internationale*, 10, 2009, mis en ligne le 26 novembre 2012, consulté le 7 janvier 2016. URL : http://rgi.revues.org/336.

comme le note Monod, que l'anthropologie philosophique de Blumenberg trouve toute sa cohérence en tant que voie indirecte de connaissance et d'expérience de soi, du « déplacement » comme opération anthropologique fondamentale, qui explique la centralité de la métaphore dans sa pensée[115]. Comment ce style métaphorique favorise-t-il un accès à la « chose même » ? En quoi consiste cette chose même pour Blumenberg et sommes-nous toujours dans le domaine de l'ontologie fondamentale ?

La décision d'une « ré-anthropologisation de la phénoménologie » que nous soutenons plutôt comme une « phénoménologie anthropologique », s'énonce en termes de « retour à la chose elle-même ». C'est sur la base de commentaires de textes husserliens que Blumenberg ouvre la polémique. En questionnant les non-dits de Husserl et en récusant son « platonisme » et son « cartésianisme », il trace l'itinéraire d'une phénoménologie anthropologique qu'il joue contre l'idéalisme transcendantal. Pour lui, le mot d'ordre de « retour aux choses mêmes » doit être interrogé dans ses profondeurs fondamentales qui ne sont rien d'autre que le « revenir aux choses dans leur essence ». L'enjeu est de montrer que c'est « l'interdit anthropologique » même qui offre la possibilité d'élaborer une nouvelle vision de l'anthropologie. Cependant Husserl échappe à la « misanthropie ». Le *correctif*, qu'il faut toutefois lui apporter doit montrer que l'homme est déjà assez important pour lui-même :

> L'anthropologie philosophique est une minimisation (*Untertreibung*) philosophique [on pourrait dire une sous-estimation : la philosophie ne tourne pas à plein régime]. Sa présupposition est que la philosophie peut accomplir davantage comme phénoménologie. Elle doit être en mesure de donner une théorie de tout mode (Art) possible de conscience et de raison, d'objet et de monde, et même d'intersubjectivité[116].

Si la crainte de Husserl est de voir relativiser les lois logiques du psychologisme et la réduction des vécus logico-mathématiques comme pur psychologisme, Blumenberg pense au contraire que « ce qui est valide et assuré phénoménologiquement vaut aussi pour l'homme, mais justement seulement aussi »[117]. Mais l'objectif de Husserl reste avant tout de favoriser la validité d'une entreprise qui s'exclut des déterminations métaphysiques traditionnelles de l'homme devenant ainsi une universalité hors de tout empirisme. Husserl songe à un « royaume d'évidences originelles, accessible à toute conscience, et dont toute conscience peut éprouver pour soi la validité et la "nécessité" indépendamment de toute "thèse" concernant l'existence du monde ou la nature de l'homme »[118].

---

[115] Dans *Theorie der Unbe-grifflichkeit,* Blumenberg note même que la métaphore « en tant qu'elle est l'élément porteur de la rhétorique, met en évidence un manque anthropologique et correspond à une anthropologie du *Mängelwesen* ».

[116] BLUMENBERG, H., *Beschreibung des Menschen,* Frankfurt, Verlag, 2006. p. 489.

[117] *Idem.*

[118] *Idem.*

Considérant le Husserl « génétique » et le Husserl « *Krisis* » de qui émerge le concept de *Lebenswelt,* Blumenberg se demande si ce n'est pas la tendance qu'il sent monter chez Scheler et plus déterminé chez Heidegger qui l'a poussé à cet extrémisme de refus. Outrepassant ici les analyses du dernier Husserl axées sur l'intersubjectivité qui a pu déborder sur le questionnement anthropologique dans son œuvre, Blumenberg, dans une section conclusive de *Beschreibung des Menschen*, partiellement rédigée, pensait « montrer comment le Husserl tardif reprend bien le titre d'"anthropologie", mais ne fait rien qui correspondrait à une anthropologie »[119]. Il cite d'ailleurs : « Ainsi la science universelle est-elle aussi science de l'homme dans sa praxis humaine, mais aussi de l'homme comme connaissant, également de l'homme comme connaissant au sens de l'anthropologie universelle, et ainsi de tous les actes réels et possibles de connaissance, des facultés de connaître, etc. »[120]. Même si la critique vise à élaborer une « zone anthropologique à la phénoménologie »[121], Blumenberg veut aller au-delà pour voir s'instaurer une phénoménologie anthropologique systématique.

Il soutient que « la transcendantalisation de l'intersubjectivité et la visibilité anthropologique pourraient converger »[122], malgré la réticence de Husserl. La question qui reste à élucider est de savoir si biologiquement la conscience pourrait se mettre à distance des choses pour en faire des objets de façon à en constituer un monde capable de résister à toute variation imaginaire sur les objets. S'inscrivant dans la possibilité d'une naturalisation de l'intentionnalité, il confirme sa thèse en termes de *Zu den Sachen und zurück* : « L'intentionnalité, comme déterminabilité de la conscience qui lui ménage sa capacité à avoir des objets, peut être fondée de façon suffisante sur un fondement anthropologique »[123]. Ainsi pense-t-il conjurer la « crainte [husserlienne] de l'anthropologisme ». C'est bien sur le sol phénoménologique, usant à la fois des concepts de la phénoménologie et de sa démarche que Blumenberg veut réinvestir l'anthropologie. Cette phénoménologie anthropologique qui, peut-être, est à venir, partage sans doute un enjeu avec notre ontologie fondamentale.

Commençons par souligner que la question anthropologique, si elle reste posée aujourd'hui (en France), s'éloigne toutefois de cette étude de l'humain dans sa diversité biologique et culturelle. Tout ceci est sujet de réticence phénoménologique. La phénoménologie, par son retour aux choses et par son engagement à laisser la chose se dire d'elle-même, s'intéresse, non plus à une étude de l'homme mais à ce que le sujet, le soi lui-même, donne à comprendre de son engagement.

---

119 C'est notamment le cas du texte de novembre-décembre 1932, intitulé *« Universale Geisteswissenschaft als Anthropologie. Sinn einer Anthropologie ».*

120 BLUMENBERG, H., *Beschreibung des Menschen, op. cit.*, p. 437.

121 Selon BLUMENBERG : « Husserl défend le terrain de cette discipline pour la phénoménologie au titre de l'universalité : là où il est question de tout, on doit aussi parler de l'homme. L'être du monde serait présupposé, et à ce monde appartient aussi l'homme agissant et connaissant. »

122 Cf. BLUMENBERG, H., *Beschreibung des Menschen*, Frankfurt, Verlag, 2006.

123 *Idem.*

Ainsi la description de l'homme faite par Blumenberg n'est pour nous qu'une assimilation de la phénoménologie à l'anthropologie. Sa démarche d'anthropologie phénoménologique ne vise point à la présentation d'un « savoir » mais à émettre un ensemble d'hypothèses sur l'homme tenant compte de la variabilité d'éléments empiriques dont celui-ci est constitué. Sa rigueur conceptuelle donne toutefois à la phénoménologie cette dimension anthropologique incontournable mais sans heurter l'entreprise heideggérienne qui surmonte toute démarche empirique pour répondre à la question de l'essence de l'homme. À juste titre la distance prise par Heidegger fut aussi bien avec l'anthropologie qu'avec Max Scheler, comme il s'en explique d'ailleurs : « Comment une anthropologie devient-elle philosophique ? Est-ce seulement parce que ses connaissances acquièrent un degré de généralité qui les distingue de la connaissance empirique, sans que d'ailleurs on puisse déterminer précisément à quel degré cesse la connaissance empirique et commence la connaissance philosophique ? » [124]

Avec Heidegger c'est de la connaissance philosophique de l'homme dont il est question. Celle-ci est relative au *Dasein* originairement métaphysique. La vision de Heidegger pour la possibilité d'une anthropologie philosophique ne peut qu'émaner d'une méthode philosophique qui prend pour cible « l'essence de l'homme » de façon à éclairer « la constitution d'essence spécifique de cette région déterminée de l'étant ». La radicalisation de la finitude, devenue ontologiquement ce qu'il y a de possibilité transcendantale en l'homme, s'éloigne de toute lecture anthropologique et ce, au-delà de l'absolutisation qu'a connue la question de l'être.

C'est ce que conteste Blumenberg se demandant si la question du « sens de l'être » (*Seinsfrage)* a un sens. Il veut savoir si l'on doit, consentir au primat de l'intérêt de Heidegger pour la question de l'être au point où l'on ne pourrait s'approprier et faire valoir les stimulations anthropologiques de l'analytique du *Dasein* que dans sa fonctionnalisation au profit de l'ontologie fondamentale. Il reste persuadé que toute anthropologie est « dérivée » de l'ontologie et il va jusqu'à accentuer le fait qu'« anthropologie et ontologie sont séparables ». Mais si l'analytique du *Dasein* peut tirer vers une anthropologie à travers des *catégories anthropologiques fondamentales*, la métaphysique du *Dasein* qui se veut phénoménologie ontologique récuse tout anthropologisme.

Pour Blumenberg *l'In-der-Welt* qui s'explicite à travers le souci, l'angoisse, ne répond pas seulement à la question de l'être mais s'intéresse aussi à la facticité et à l'analytique du *Dasein.* À l'intérieur même de l'entreprise on peut objecter que la démarche de Blumenberg ne vise pas à une restauration de l'anthropologie traditionnelle mais à accéder à une définition de l'homme qui ne soit pas un rejet de sa finitude. L'enjeu est celui d'une déconstruction et reconstruction de l'anthropologie philosophique. Que Blumenberg ne saisisse pas comment la déconstruction de l'anthropologie traditionnelle pourrait passer par le rejet de l'homme comme « animal doué de raison », montre combien son anthropologie phénoménologique porte un désir de reconstituer la phénoménologie en anthropo-

---

[124] KPM, § 36.

logie sous l'influence de l'anthropologie philosophique de la première moitié du XXe siècle. Celle-ci a connu une fois pour toute une radicale déconstruction au nom du projet d'une métaphysique du *Dasein* devenue ontologie fondamentale.

La question est de savoir si l'intérêt d'une philosophie axée sur la détermination ontologique de l'essence humaine peut se passer d'une compréhension anthropologique. La réception de l'homme à partir de son être renouvelle non pas la question anthropologique mais restaure le sens de l'humanité de l'humain. Dans son article « *Questions d'anthropologie philosophique aujourd'hui* »[125], Ghislaine Florival notifie que l'anthropologie n'a aujourd'hui qu'une tâche éthique, celle qui consisterait à mettre à jour les dimensions et les ressorts de l'existant pour compenser l'appauvrissement actuel du monde existentiel. Cette réduction de l'anthropologie à une fonction purement éthique stigmatise la désorientation de l'anthropologie métaphysique. Florival la décrit comme « formes de discours spéculatif liées aux abstractions catégoriales, idéalistes qui, à travers la thermalisation des essences formelles, manquent justement l'approche d'une subjectivité et d'une rencontre se faisant dans l'acte même de 1'"exister" qui visait plutôt à ramener le salut de l'anthropologie à la méthode phénoménologique. »

La phénoménologie pour sa part doit se saisir de l'existence comme pôle de saisie de l'Être. La phénoménologie prend la forme d'une ontologie de l'existence faisant de celle-ci une transcendance de l'être-au-monde. L'être-pour-la mort en tant que site de dévoilement par excellence de la finitude révèle le pouvoir-être total du *Dasein*. L'interprétation de cette finitude donne le sens de toute l'existence où, pour appréhender le *Dasein*, il faut surpasser le cadre de la métaphysique traditionnelle là où l'*anthropos* suffisait à clarifier l'essence de l'homme.

Suivant cette démarche, Ghislaine Florival s'en tient à une anthropologie phénoménologique en tant que déploiement de l'existence comme « phénomène dont il faut saisir la constitution transcendantale » à l'horizon de la temporalité. Pour nous, cette ouverture qui fonde la phénoménologie comme ontologie du *Dasein*, dépasse la simple analytique des structures existentielles pour les maintenir comme la structure même qui rend possible l'existence en tant que telle. Elle ne saurait être non plus une simple analyse de la finitude en l'homme, étant donné que l'analyse des structures finies de l'homme vise à faire ressortir l'essence de l'humain.

Cependant, la tendance à élaborer une anthropologie à travers les pistes heideggériennes restent un terrain d'investigation qui connaît de plus en plus un regain d'intérêt non négligeable. Dans la ligne de Jean-Paul Sartre qui a réduit l'ontologie fondamentale à l'existentialisme afin de fonder sa philosophie de l'existence, Philippe Cabestan, (Sartre. *Désir et liberté*, Paris, PUF, 2005), réinvestit aujourd'hui une lecture heideggérienne sous la base anthropologique. Ainsi, la phénoménologie elle-même dans son dynamisme méthodologique sert de base à tout domaine de connaissance (nous assistons au tournant phénoménologique de

---

[125] FLORIVAL, G., « Questions d'anthropologie philosophique aujourd'hui » dans Revue *Philosophique de Louvain*. Quatrième série, tome 93, n° 4, 1995. p. 579-596.

la théologie et aussi de la métaphysique) où elle ne doit pas être réduite à la détermination d'un simple phénomène au sens empirique et subjectif. La phénoménologie s'en tient à la phénoménalité originaire du phénomène. Pour servir d'investigation aux sciences humaines et sociales, la phénoménologie risque de céder à l'empirisme. Sans quoi, elle serait inutile à ces domaines de savoir pour qui la subjectivité tient rang d'objectivité. Toutefois, elle ne peut se dérober non plus du dialogue incontournable des rationalités. C'est d'ailleurs là son projet, celui de passer du « droit aux choses » au « droit à la chose elle-même ». Comme le soutient Léo-Paul Bordeleau dont nous partageons les conclusions :

> En sommes, le travail des philosophes-phénoménologues et des chercheurs en sciences humaines et sociales consiste à cheminer avec les énigmes du monde humain, sans la prétention arrogante de tout expliquer, expliciter ou comprendre. Par ailleurs, s'ils partagent la volonté commune de connaître les êtres humains et leurs productions dans un monde empli de conflits et de possibles, d'incertitudes et d'attentes, parce qu'ils en ont un commun attachement, ils n'ont pas le même projet scientifique. Les premiers dépassent la visibilité empirique que les seconds ont des faits, des évènements ou des phénomènes. Ils passent par la connaissance sensible et eidétique des seconds pour aller aux choses mêmes comme à leur essence originaire… C'est ainsi que la démarche des uns et des autres est autonome et complémentaire.[126]

La vigilance philosophique à maintenir dans cette interdisciplinarité inévitable, est que la phénoménologie reste méthodiquement une démarche pour atteindre la phénoménalité du phénomène (*Zu den Sachen selbst*) à laquelle aucune phénoménologie empirique ne peut souscrire. On peut le redire avec Jean-François Courtine : l'analytique phénoménologique du *Dasein* est « tout sauf une épistémologie anthropologique de l'ontologie »[127]. D'ailleurs, la crise anthropologique contemporaine n'est-elle pas un indice à récuser toute anthropologisation dans l'effort de penser l'être humain ? Il en résulte toutefois que lorsque la phénoménologie doit prêter sa démarche aux sciences humaines, celles-ci, malgré l'objectivité visée, ne peuvent imposer leur phénoménalité. Quel serait l'enjeu de telles sciences de l'humain sans l'homme ?

5-2-2- L'homme des « sciences de l'homme » à l'ère de la phénoménologie

De quel type d'homme parle encore les sciences dites « Sciences de l'homme » à l'ère de la phénoménologie ? Et quelle nouveauté épistémologique la phénoménologie heideggérienne apporte-t-elle aux dites sciences ? En partant du principe de « Raison sensible pure » dorénavant posé au fondement de tout phénomène, peut-on soutenir que la finitude fixe aussi la phénoménalité de l'humain en cause dans

---

126 BORDELEAU, L.-P., dans *Recherches qualitatives*, vol. 25 (1), 2005, p. 103-127.

127 COURTINE, J.-F., « Ontothéologie et analytique du *Dasein* », dans *Heidegger et la phénoménologie, op. cit.*, p. 63.

les sciences de l'homme ? Aucune approche de réponse ne peut se dérober au sens d'être de l'être humain. Car « L'homme est [l'unique] mesure de toute chose », disait Protagoras. Cette maxime reste pour Heidegger une source d'inspiration même s'il n'en partage pas la morale.

Avec Heidegger, il s'agit moins de relativisme que de la non-absolutisation de l'étant. La maxime protagorasienne dans son entièreté stipule que : « L'homme est la mesure de toutes choses : de celles qui sont, du fait qu'elles sont ; de celles qui ne sont pas, du fait qu'elles ne sont pas »[128]. Héraclite fut sans doute le premier à introduire en philosophie la notion de mesure lorsque dans le fragment 30 il souligne que « Ce monde, le même pour tous, ni dieu ni l'homme ne l'a fait, mais il était toujours, il est et il sera toujours vivant, s'allumant en mesure et s'éteignant en mesure »[129]. Ce qu'Héraclite stipule est que le « *metron* : mesure, quantité mesurée, loi, règle » provient d'un principe divin, le souverain *Dikè* (Justice) qui ordonne la mesure de toute chose assumant ainsi l'harmonie du Tout.

À cette législation sont soumis dieux et hommes. Si la prééminence est accordée à l'homme, cela est dû à son *logos* malgré lequel il reste identique en nature à toute autre chose. Il n'est donc pas la mesure. Celle-ci est l'univers. Protagoras ne bouleverse toutefois pas cette hiérarchie. Il ne substitue pas les dieux à l'homme. D'ailleurs son agnosticisme est connu : « Au sujet des dieux je n'ai aucun savoir, ni qu'ils sont, ni qu'ils ne sont pas, ni quelle est leur manifestation. Nombreux sont en effet les empêchements à le savoir : leur caractère et le fait que la vie de l'homme est courte »[130]. Ce que semble affirmer Protagoras est que, toute connaissance théologique et surtout métaphysique étant impossible, mieux vaut pour l'homme se recentrer et se concentrer sur l'humain. Il s'agit bien évidemment d'un anthropocentrisme qui fait de l'homme le *Kriterium.* Mais de quel homme est-il question ? L'homme qu'envisage Protagoras ne s'éloigne pas du *zoon politikon* d'Aristote du simple fait que Protagoras soutient l'avènement de la démocratie annoncée par Périclès. Il est évident que Protagoras puisse soutenir que l'homme est *Kriterion* de tous les objets. Il ne pose pour chacun que les seuls phénomènes.

Le relativisme que cela engendre, et dont Protagoras est souvent indexé comme le père fondateur, est énoncé dans le Théétète de Platon où est examinée la doctrine de Protagoras comme une première tentative de définition de la science : « la science, c'est la sensation »[131] (151d-187a). Il nous faut comprendre que le fond ontologique de cet enjeu de l'homme vise à signifier que chaque homme dans sa subjectivité peut se poser le critère du vrai. Cette autonomisation risquée de la connaissance s'affine autrement dans le Protagoras de Platon où il relate que « ce qui est senti par un homme est vrai, même si d'autres hommes sentent d'autres choses ». Malgré la critique de Platon qui y oppose sa propre vision, « le dieu est la

[128] PROTAGORAS, Fr.1 (DK 80 B1).

[129] HÉRACLITE, *Fragment 30*, traduction de Conche.1986.

[130] *Idem.*

[131] C'est du point de vue de ce que perçoit l'homme que le bien et le mal, le vrai et le faux prennent leur définition. La vérité, la justice ou la morale sont relatives.

mesure de toute chose », l'affirmation de Protagoras peut aussi se situer comme un éloge à la raison humaine en tant qu'unique faculté qui permet à l'homme de faire advenir un savoir rationnel. Cependant, l'interprétation phénoménologique nous offre plus d'atouts pour saisir l'intuition husserlienne selon laquelle : « Toute conscience est conscience de quelque chose »[132].

Il n'y a de monde que dans la mesure où une conscience le fait exister. L'homme est la mesure de toute chose parce qu'il donne sens et existence au monde. L'absence de conscience est la néantisation du monde. Sans lui, rien ne préexiste. Cette concentration du champ phénoménal qui ne concède le fondement de l'apparaître qu'en soi, faisant de l'homme son propre modèle, laisse voir une autonomisation de la phénoménalité qui toutefois n'empêche pas une inquiétude ontique comme l'exprime Aristote : « le monde se désagrège entre nos mains, les choses se liquéfient en un lacis de rapports infinis et nous demeurons face à un monde vidé de ses objets, Protagoras ayant transformé toute choséité en relations »[133].

Ce qu'il faut préciser pour ne pas battre en brèche le bien-fondé ontologique de cette vision prophétique de l'humain[134], est le « en vue de quoi » s'oriente le phénomène protagorasien. Ceci n'est rien d'autre que l'*anthropos*. S'agit-il dès lors d'une singularité individualiste ou d'un pluriel génétique ? *L'homo mensura* se pose au-delà d'un simple individualisme qui serait la germination de la subjectivité transcendantale[135]. Il se pose lui-même comme la chose à laquelle toute phénoménalité se donne.

Heidegger lui-même apporte une précision considérable qui réoriente notre compréhension lorsqu'il affirme que « la conception de l'*anthropos* de Protagoras s'écarte catégoriquement de l'*ego* cartésien »[136]. La question de fond est alors de savoir si la phénoménologie est une science de l'homme. Dans cette quête de la compréhensibilité du statut de l'humain au cœur de la phénoménologie, s'assume

---

132 HUSSERL, E., *Recherches logiques, 1900-1901* et aussi *Idées directrices pour une phénoménologie* 1913. I, § 24, Hua, t.III/1, p. 62.

133 ARISTOTE, *Métaphysique*. L 6, 1011a21.

134 La juste mesure de la vision anthropocentriste de Protagoras devrait se lire aussi dans l'intérêt de la phénoménologie comme un précurseur de l'humanisme contre l'obscurantisme où désormais l'homme est placé comme centre et mesure de la connaissance et non plus Dieu. La révolution copernicienne qui engendra le criticisme kantien donnant la distinction entre phénomène et noumène y trouve également son essence. Le monde devient une simple représentation inscrite par des catégories et les cadres *a priori*. L'immatérialisme de Berkeley « être c'est être perçu et percevoir » et l'existentialisme est un humanisme de Sartre n'ont pas moins d'intérêt dans la compréhension de Protagoras. Sans réduire la subjectivité à l'individuel, Sartre reconnaît « l'impossibilité pour l'homme de dépasser la subjectivité humaine ».

135 HEGEL, G.W.F., *Vorlesungen über die Geschichte der Philosophie*, I, E. Moldernhauer et K. M. Michel (ed.), Frankfurt, Suhrkamp, 1986, p. 428-434.

136 HEIDEGGER, M., « *Der Satz des Protagoras* » Nietzsche II, Éd. B. Schillbach, dans GA 6.2, Frankfurt, Klostermann, 1997, p. 118-123.

en premier la dimension éclatée de la discipline[137]. L'impossibilité de concevoir l'entreprise husserlienne comme une science de l'homme apparaît comme une possibilité épistémologique qui ne la maintient plus dans un cadre disciplinaire clos mais l'ouvre à toutes les sciences relatives à l'humain. La prophétie de Ricœur apparaît ici justifiée, lui qui énonçait que la phénoménologie, loin d'être close, est « une longue succession d'hérésie » issue de l'entreprise d'Husserl[138]. Heidegger serait-il l'une des figures emblématiques de cette hérésie ?

Nous avions déjà montré qu'au moment où son chemin de pensée croise celui de Husserl, Heidegger détient déjà son idée de la phénoménologie. De plus, la spécificité méthodologique désormais reconnue à l'ontologie fondamentale ne nous autorise plus à maintenir les comparaisons. Heidegger pense hors les catégories traditionnelles du rationalisme. La « raison sensible pure », en brisant toute catégorie sujet/objet, accède à la dimension de l'humain non-duel. Ce non-dualisme, en effet, est la mise en valeur de la transcendance humaine au-delà du clivage sujet/objet dans un projet qui cherche à montrer l'unicité des possibilités de l'être humain au-delà de toute représentation. Cette unicité constitutive justifie que « de l'étant il n'en est rien : *mit dem Seienden ist es nichts* »[139] (GA 67-177).

Contre l'affairement des modernes pour l'étant, Heidegger cherche à « réveiller le sens de la question de l'homme » contre tout nihilisme (GA 40-211) dont on l'accuse bien souvent. Cependant la question est de savoir « où donc le Nihilisme serait-il en œuvre ? » (*Introduction à la métaphysique*). La réponse qui ne saurait tarder est : « là où l'on colle couramment à l'étant, en prétendant qu'il suffit comme auparavant de prendre l'étant comme l'étant qu'il est désormais ». La conséquence en est que le Nihilisme actif consiste à « ne s'occuper que de l'étant, en plein oubli de l'Être »[140] (GA 40-212). La phénoménologie ontologique qui ne peut ni tolérer le nihilisme ni en constituer un, est plutôt une philosophie de sortir du nihilisme. C'est pourquoi son questionnement sur l'homme reste une question de l'être de l'humain. C'est à ce titre que Maurice Blanchot renchérit que l'absence empirique, anthropomorphique ou anthropologique de l'homme dans la pensée de Heidegger, prouve que l'enjeu de la phénoménologie n'est pas l'homme comme une réalité naturelle quelconque ni comme une subjectivité ou encore une pure exigence morale ou idéologique :

L'absence de l'homme des sciences humaines ne veut pas dire qu'il soit éludé ou supprimé. C'est, au contraire, pour lui la seule manière d'y être présent d'une manière qui ne fasse de ce qu'il affirme ni un objet – une réalité naturelle quelconque –, ni une subjectivité ou encore une pure exigence morale ou idéologique : d'une manière donc qui ne soit ni empirique ni anthropomorphique ni anthropologique. Mais cette absence n'est pas pure indétermination ; elle est toujours aussi et

[137] JANICAUD, D., *La phénoménologie éclatée*, Paris, L'Éclat, 1998. E. Allez, *De l'impossibilité de la phénoménologie*, Paris, Vrin, 1995.

[138] RICŒUR, P., *À l'école de la phénoménologie*, (2004), Paris, Vrin, 1987, p. 9.

[139] Le texte poursuit « Non pas du tout seulement de tel ou tel étant, mais il n'en est rien de l'étant comme tel en son entier ».

[140] Voir aussi GUEST, G., « Nihilisme » *Dictionnaire Heidegger, op. cit.*, p. 899-906.

chaque fois (selon les zones envisagées) déterminées, c'est-à-dire déterminante [...] L'ambiguïté glissante d'une transcendance ou d'un *a priori* [...] constitue l'originalité des nouvelles sciences humaines où l'homme se cherche comme absent.[141]

Dans ce rapport spécifique de la phénoménologie avec les sciences humaines, il faut aussi situer le rapport particulier de l'ontologie fondamentale avec la science en général. Toute science, à la manière de la technique, cherche à justifier l'assise de l'homme dans l'étant, ce que prouve l'entreprise kantienne de refonder la métaphysique comme science, et l'entreprise husserlienne d'affirmer la « phénoménologie comme science rigoureuse ». La position de Heidegger est mitigée. Il déclare, contre toute assimilation de la philosophie à la science que : « La relation de la science à la pensée n'est authentique et féconde que lorsque l'abîme qui sépare les sciences de la pensée est devenu visible et lorsqu'il apparaît qu'on ne peut jeter sur lui aucun pont »[142]. De cette déclaration on ne retient que la polémique : « *Die Wissenschaft denkt nicht* (la science ne pense pas) ». Or, il faut en déduire qu'il s'agit moins de dénigrer la science que de situer chaque savoir à partir du domaine propre qui est le sien et l'exigence de rationalité qui lui incombe. Sous ce rapport, on peut soutenir que toute démarche phénoménologique implique toujours l'humain sans devoir jamais le systématiser comme sujet anthropologique. Par ce détour à la spécificité de l'ontologie fondamentale soutenue par une phénoménologie qui se veut méthode pour les sciences humaines, il nous faut montrer les limites d'une connaissance empirique et celle d'une connaissance philosophique.

Pour ce faire, il peut bien subsister une anthropologie philosophique dans la mesure où sa méthode reste philosophique, c'est-à-dire qu'elle marque la distinction radicale entre l'être humain et le reste du monde vivant, les plantes et les animaux. Elle s'occuperait strictement de l'essence de l'homme. Une telle anthropologie n'envisagerait pas de s'imposer à toutes les autres disciplines parce qu'elle est « une ontologie régionale ayant l'homme pour objet, coordonnée aux autres onto-

---

141 BLANCHOT, M., « L'athéisme et l'écriture. L'humanisme et le cri », dans *ID., L'entretien infini*, Paris, Gallimard, 1969, p. 373 *sq*.

142 HEIDEGGER, M., « Que veut dire penser ? », dans *Essais et conférences*, Paris, Gallimard, pp.157-58. Nous restituons le texte dans son contexte global : « La raison de cette situation est que la science ne pense pas. Elle ne pense pas, parce que sa démarche et ses moyens auxiliaires sont tels qu'elle ne peut pas penser, nous ne voulons pas dire penser à la manière des penseurs. Que la science ne puisse pas penser, il ne faut voir là aucun défaut, mais bien un avantage. Seul cet avantage assure à la science un accès possible à des domaines d'objets répondant à ses modes de recherches ; seul il lui permet de s'y établir. La science ne pense pas : cette proposition choque notre conception habituelle de la science. Laissons-lui son caractère choquant, alors même qu'une autre la suit, à savoir que, comme toute action ou abstention de l'homme, la science ne peut rien sans la pensée. Seulement, la relation de la science à la pensée n'est authentique et féconde que lorsque l'abîme qui sépare les sciences et la pensée est devenu visible et lorsqu'il apparaît qu'on ne peut jeter sur lui aucun pont. Il n'y a pas de pont qui conduise des sciences vers la pensée, il n'y a que le saut ».

logies qui se partagent avec elle le domaine total de l'étant »[143] et cesserait d'être une « sorte de dépotoir de tous les problèmes philosophiques essentiels ».

Heidegger n'envisage aucunement définir une anthropologie au sens générique. Ce qui importe pour le penseur, c'est que la réponse à la question de « l'être humain » va au-delà de la simple préoccupation anthropologique qui devient limitée face à l'enjeu de la quiddité. C'est bien à la dimension du sens d'être de l'homme que reste envisageable la possibilité d'un quelconque projet anthropologique. La tâche de celui-ci est de repartir du questionnement sur l'essence de l'homme pour ouvrir à la possibilité de rechercher « comment dans une instauration du fondement de la métaphysique, il est possible de mettre l'homme en question et de comment cette mise en question est nécessaire »[144].

Pour y répondre, il nous faut nécessairement reconsidérer le principe fondamental de l'ontologie, s'y fonder pour mettre en place l'infrastructure de la finitude ontologique que rend dorénavant compréhensible la « Raison sensible pure ». Ceci suppose de repartir du phénomène de la temporalité ekstatique comme seul lieu où se tient la question de l'être, de poser la théorie ontologico-historiale de celle-ci afin de voir, en dernier ressort, quel est encore l'enjeu de la métaphysique dans une ontologie fondamentale.

---

143 KPM, p. 267.

144 KPM, p. 271.

CHAPITRE VI

Finitude et temporalité

Kant a abandonné le projet de déterminer l'objectivité à la mesure de la temporalité subjective. Heidegger pense que c'est là que l'ontologie fondamentale doit réaliser sa percée. La raison sensible pure permet de mettre en œuvre une métaphysique de la temporalité comme temporalité ontologique capable de rendre compréhensible la connaissance de l'essence humaine. L'abandon de toute anthropologie et le dépassement de la métaphysique sont désormais assumés. Parce que celle-ci s'est constituée avec celle-là en une anthropologie métaphysique tendant à réduire la métaphysique à de l'anthropologie, la pensée du sens de l'être n'a plus d'intérêt ni pour l'une ni pour l'autre.

Dans ce dépassement (*Überwindung*) qu'opère la pensée de Heidegger aussi bien à l'égard de l'anthropologie que de la métaphysique, il faut noter avant tout que c'est la métaphysique elle-même qui se voit obligée de se dépasser (*Überwindung der Metaphysik*) afin qu'advienne l'évidence de l'ontologie fondamentale comme métaphysique du *Dasein.* Celui-ci répond désormais en termes de temporalité. Le temps détermine l'essence humaine et favorise la connaissance de l'être humain sous le mode de sa finitude. La phénoménologie de la finitude à travers laquelle se confirme cette métaphysique du *Dasein,* ouvre l'accès à la vérité de l'être l'humain et montre comme le souligne si bien Jean-François Courtine qu'en :

Même temps que la métaphysique entre dans la période de son achèvement commence la préparation, inconnue, essentiellement inaccessible à la métaphysique, d'une première apparition du pli de l'être de l'étant. Dans cette apparition se cachent encore les premières lueurs de la vérité de l'être, laquelle retire en elle la primauté que l'être possède en ce qui concerne sa puissance[145].

Jean-François Courtine soutient que, c'est dans l'élan de ce dépassement de la métaphysique au profit de la vérité de l'être de l'étant que l'anthropologie « cesse désormais d'être une branche particulière du savoir au sein d'une totalité ordonnée de connaissance… parce qu'elle traduit en chacune des branches du savoir la même absence complète de question relative à l'essence de l'homme ou à son identité[146] ». La cause de ce positionnement de l'anthropologie en arrière-plan de la métaphysique, à l'heure même où celle-ci connaît son achèvement, tient dans le fait que la question métaphysique de l'homme telle que tenue jusque-là, a toujours été « décidée d'ailleurs ».

---

[145] HEIDEGGER, M., *Essai et conférences*, trad. André Préau, Paris, Gallimard, 1958, p. 89-90.

[146] COURTINE, J.-F., « Onto-théo-anthropologique et analytique du *Dasein* », dans *Heidegger et la phénoménologie,* Paris, Vrin, 1990, p. 65.

Pour la reconstituer, et c'est l'étape que nous allons maintenant aborder, il faut ramener la pensée de l'être de l'homme au temps, voire à cette temporalité à la fois originaire et constitutive. C'est tout l'enjeu de la finitude posée au fondement comme essence de l'être humain. La finitude se maintient au fondement et détermine comment l'être et le temps s'y impliquent et s'y limitent. L'objectif est de montrer comment l'être du temps engendre le temps de l'être en vue d'une finitude qui implique un être fini et un temps fini. Qu'en est-il réellement des phénomènes du temps et de l'être dans une phénoménologie de la finitude ?

Les trois sections suivantes vont analyser les extases de la temporalité et de l'être de manière à montrer le lien intrinsèque entre le temps et l'être ou l'être et le temps selon l'ambition que porte l'œuvre majeure de Martin Heidegger. Il nous revient de justifier comment le temps qui nous fait être et l'être dans le temps s'impliquent inévitablement dans un processus historicisant qui dévoile une histoire de l'être que Heidegger pose comme le lieu de réalisation de notre condition d'être.

Section VI-1- Temporalité ekstatique

Dans sa *Déduction transcendantale,* Kant perçoit le temps comme fondement de la subjectivité[147]. Mais, selon Heidegger, Kant n'a pas su conduire l'entreprise jusqu'au bout, car « l'interprétation du *Dasein* par la temporalité et l'explication du temps comme l'horizon transcendantal de la question de l'être » doit faire correspondre le *Dasein* à la temporalité[148]. Le projet de Kant est de fonder le lien intrinsèque entre le sujet transcendantal et l'objet de sa connaissance. C'est le rôle assigné au schématisme. Le schématisme, en tant que fonction intellectuelle, assure l'application des concepts purs de l'entendement à leurs objets d'expérience conçus par intuition sensible grâce aux « schèmes » qui font le pont entre l'entendement et la sensibilité. Le schématisme de l'imagination transcendantale ordonne, selon les catégories de l'entendement les intuitions sensibles de façon à faire de l'objet d'intuition un objet de connaissance.

C'est le rôle que Kant assigne à l'imagination en tant que mode d'avènement des schèmes sensibles qui détermine le fondement de la finitude en l'homme et rend pensables les objets d'intuition. Ici, la finitude suppose la réceptivité de l'intuition. Or, l'être fini ne crée pas lui-même ce qu'il conceptualise. Il se doit de se disposer de façon à recevoir l'objet. C'est à la faveur de l'imagination que cette condition de recevabilité est possible. C'est pourquoi Kant définit l'imagination comme « productrice », car elle peut présenter l'objet dans son originalité et accentuer le pouvoir créateur de l'être fini[149].

---

147 KPM, p. 23.

148 SUZ, p. 39.

149 KPM, p. 189.

Cette donation d'horizon ontologique conditionnelle et nécessaire à toute réception ontique est ce qui rend possible l'existence de l'étant, c'est-à-dire dispose l'étant au fondement de l'être. Cet être n'ayant de fondement que dans le temps, la temporalité va jouer le rôle de fondement devenant de fait fondamental. Alors qu'il y a chez Kant un au-delà du temps, Heidegger montre que tout étant ordonné à la cessation ne se rencontre que dans le temps et l'espace[150]. Des deux catégories aprioritiques, le temps et l'espace, c'est le temps qui à la « refondation de la possibilité de la connaissance ontologique » doit être « intuition pure ». L'interprétation phénoménologique montre que : « le temps est apparu comme cette intuition pure universelle. C'est le temps comme intuition pure que toute pensée, considérée comme moyen de sa détermination c'est-à-dire comme moyen de la pure détermination du temps, doit nécessairement viser : une détermination ontologique en ses fondations authentiques est une pure détermination temporelle »[151].

Il est à souligner que c'est dans la deuxième section de *Sein und Zeit* qu'apparaissent les thèses sur la temporalité et elles ne sont pas les plus simples à comprendre. Il s'agit plus d'un déploiement de l'herméneutique ontologique de Heidegger que de sa phénoménologie. Le projet est de faire advenir le temps comme « horizon transcendantal »[152], c'est-à-dire comprendre l'être à partir du temps. Le temps est posé comme le fondement unique à la question du sens de l'être, ce qui signifie que la temporalité est « la réponse concrète à la question du sens de l'être »[153]. Cette réponse concrète se déploie comme une tâche assignée à la troisième section de la première partie de *Sein und Zeit*, « l'interprétation du *Dasein* selon la temporalité ». En évoquant la finitude de l'homme au fondement, elle s'entend comme : *l'explication du temps comme horizon transcendantal de la question de l'homme*[154].

On ne peut manquer de souligner l'allusion qui est déjà faite au concept de temps comme condition de détermination de l'essence humaine depuis les premiers écrits du penseur. Outre l'élaboration du *Dasein* comme être-pour-la-mort, il faut prendre en compte le cours d'été 1925 sur les *Prolégomènes à l'histoire du concept de temps* (GA 20) et les allusions évidentes à l'eschatologie et l'éternité dans les cours sur Saint Paul et Saint Augustin récapitulés dans le GA 60 intitulés : *Phénoménologie de la vie religieuse* suivant la traduction française de Jean Greisch de 2013. C'est avec Françoise Dastur, dans son ouvrage *Heidegger et la question du temps* (Paris, PUF 2011), que nous trouvons une problématique à la fois succincte et exhaustive des deux cours du GA 20 et du GA 60 qui balise pour nous la compréhension de la notion du temps dans l'œuvre de 1927.

Dans sa conférence de 1924 sur *Le concept de temps*, Heidegger sort de toute conception théologique du temps. Le temps n'est plus à envisager en fonction de

---

[150] IPK, p. 127.

[151] *Ibid.*, p. 159.

[152] KPM, p. 235.

[153] SUZ, p. 39.

[154] HEIDEGGER, M., *Questions IV, op. cit.*, p. 170.

l'éternité. Il s'accorde plutôt à élaborer une conception du temps capable de justifier la factivité humaine. Mais c'est dans le chapitre 27 du livre XI des *Confessions de Augustin* qu'il puise cette originalité du rapport entre temporalité et *Dasein* : « En toi, mon esprit, je mesure les mouvements du temps, c'est toi que je mesure quand je mesure le temps ». Pour Heidegger, Augustin n'est pas allé jusqu'au bout de l'interrogation parce qu'il a fixé le rapport du temps à l'existence humaine à la mesure du « Je » : « C'est à la disposition dans laquelle je me trouve que je mesure le temps. » Or, pour Heidegger, l'être-là coïncide avec lui-même dans la temporalité de sa « possibilité extrême : sa propre mort ». La mort, caractéristique de l'anticipation, devient temporalité originaire et s'énonce en termes de l'être-pour-la-mort comme le confirme *Sein und Zeit*. Dans cet horizon de la mort, se détermine l'être de la vie accessible dans la factivité. Autrement dit, « la vie factive est celle d'un étant pour lequel il y va, dans son mode de temporalisation, de son être propre ».

Cette phénoménologie de la temporalité précisée dans la deuxième section de *Sein und Zeit* justifie que la relation à sa mort fait découvrir au *Dasein* sa temporalité propre. Il n'est ni question d'une fuite devant la mort ni d'une quête de la mort, mais d'un *Vorlaufen,* « devancement », condition de rapprochement du *Dasein* de sa possibilité extrême. Cet au-delà du *Dasein* après lequel plus rien n'est et qui n'est pas non plus un manque, se manifeste dans la caractéristique de l'être-pour-la-mort. Le *Dasein* comme être-pour-la mort est « la médiation indispensable pour passer de la temporalité comme structure unitaire des trois dimensions du temps à la temporalité comme ouverture de soi et à soi en tant que projet »[155]. *Kant et le problème de la métaphysique* rappelle donc que la problématique de la métaphysique du *Dasein* présentée comme *Être et Temps* suppose non une réévaluation du concept de temps ou de l'être mais leur renforcement. Le temps recouvert de possibilités ontologiques cesse d'être tenu en son caractère vulgaire et passe du *Chronos* au *Kairos* :

> L'instauration kantienne du fondement de la métaphysique qui, pour la première fois, met décisivement en question la possibilité intrinsèque de la manifestation de l'être de l'étant, devait nécessairement rencontrer le temps comme détermination de la transcendance finie, si toutefois il est vrai que la compréhension de l'être dans le *Dasein* projette spontanément l'être vers le temps. Mais du coup cette instauration devait dépasser le concept vulgaire du temps, arrivé à une compréhension transcendantale conçue comme affection pure de soi[156].

Dès lors qu'est effectué le passage du temps vulgaire au temps originaire[157], la thématique du temps s'impose comme cet horizon ouvert dont l'interprétation

---

155 HAAR, M., *Heidegger et l'essence de l'homme, op. cit.*, p. 28.

156 KPM, p. 298-299.

157 Nous considérons ces deux aspects du temps plus évidents dans l'interprétation de Heidegger. Certains lecteurs se basant sur le § 45 de SUZ, déterminent trois niveaux du temps en tenant le « Souci » comme une modalité temporale singulière. Ainsi on a la temporalité originaire (l'être-là authentique), une temporalité préoccupée (la maniabilité)

contribue à la compréhension de l'être. La temporalité du *Dasein* est le *Zeitlichkeit*, et la temporalité de l'être est la *temporalität*. Toutefois, il est difficile, du point de vue sémantique, d'affirmer qu'il y a une distinction entre *Zeitlichkeit* (expression allemande de temporalité) et *temporalität* (expression latine de temporalité)[158]. Nous gardons la nuance entre *Zeitlichkeit* perçue comme mode du *Dasein* et *temporalität* comme mode de l'être. On parle de « cercle ontochronique » en tant que disposition qui favorise la détermination de l'être du sujet sur fond de sa temporalité. *Zeitlichkeit* (temporalité) est ainsi le thème allemand par lequel Heidegger saisit les modes du temps à savoir le présent, le futur et le passé dans leur liaison, autrement dit dans leur *homoousia* (unité d'essence ou trinité temporelle) : « L'avoir-été naît du futur, si bien que le futur passé (ou ayant été) libère à partir de soi le présent. Nous appelons *Zeitlichkeit* ce phénomène unitaire constitué comme futur ayant été présent »[159]. Ce temps originaire est posé en vue du *Dasein* qui, parce que soucié de l'être, ne peut avoir de référent qu'une réalité ontologique.

Le temps, pour répondre à cette possibilité, se doit de surpasser toute approche « d'étant-subsistant » qui le maintiendrait comme un étant. « La temporalité n'"est" absolument pas un étant »[160]. Elle ne saurait l'être dans la mesure où elle est la condition de possibilité de l'être. Cette figure du temps suppose une « maturation » dans laquelle apparaît « la réponse concrète à la question du sens de l'être »[161], c'est la *temporalität*. La temporalité est le déploiement du temps dans l'expérience temporelle sous les traits de « *Auf-sich-zukommen* » (advenir vers soi) ; *Zuruck zu* (retour sur) ; *Sich-aufhalten-bei* (séjourner auprès de), comme le précise Heidegger lui-même : « Ces caractères du vers-soi, du retour-sur et de l'auprès-de relèvent de la constitution fondamentale de la temporalité. Dans la mesure où la temporalité est déterminée par ce vers-soi, ce retour-sur et cet auprès-de, elle est hors de soi (*ausser sich*). Le temps est lui-même extasié comme futur, avoir-été et présent » (GA 24-377).

Dans ces trois dimensions essentielles où se manifeste la « temporalisation » de la temporalité, la visée de Heidegger est de saisir la phénoménalité du *Dasein*, soucieux du présent qu'il est, restant toujours projeté vers le futur délimité par les possibilités ouvertes grâce à l'existence passée. Ainsi s'éclaire le rapport entre le

---

la temporalité vulgaire. C'est le cas souvent chez Ricœur et plus récemment avec Alexander Schnell dans « *De l'existence ouverte au monde fini. Heidegger 1925-1930* », Paris, Vrin 2005.

[158] Le § 5 d'*Être et Temps* est une lumière sur la nuance sémantique des deux sens de Temporalité « Comme le terme "temporel" est chargé, dans son usage pré-philosophique et philosophique de la signification que nous venons de dire et comme cette expression revendiquera encore une autre signification, nous appellerons détermination temporale la détermination originelle du sens, des caractères et des modes d'êtres à partir du temps. Dès lors, la tâche fondamentale-ontologique de l'interprétation de l'être comme tel comprendra l'élaboration de la temporalité de l'être. Ce n'est que dans l'exposition de la problématique de la temporalité que sera donnée la réponse concrète à la question du sens de l'être ».

[159] SUZ, trad. MARTINEAU, p. 326.

[160] SUZ, trad. MARTINEAU, p. 328.

[161] *Idem*, p. 19.

temps (ex-statique)[162] et l'existence du *Dasein*. La temporalité du *Dasein* accomplit sa possibilité dans sa structure ex-sistentiale par laquelle il est à la fois hors de l'étant et ouvert à l'être.

Autrement dit, « la temporalité déterminée extatiquement du *Dasein* est la condition de la constitution d'être du *Dasein* »[163] (GA, 24-378). L'ouverture finie du *Dasein* qui distingue l'homme de l'animal[164] pose radicalement la conviction selon laquelle l'homme sachant qu'il va mourir se soucie à la fois de son être et de l'homme en général. La temporalité extatique est la condition par excellence de la compréhension de la finitude en l'homme. Mais dans *Être et Temps* fut seulement énuméré le projet de détermination « temporelle », c'est-à-dire de compréhension de la finitude à partir de la temporalité du *Dasein,* mise en rapport avec la détermination « temporale », c'est-à-dire le sens de l'être.

Section VI-2- La temporalité de l'être

Nous avons évoqué précédemment l'œuvre de Françoise Dastur, *Heidegger et la question du temps* (2011). Nous lui empruntons alors le troisième sous-titre du chapitre premier, *La temporalité de l'être en tant que question fondamentale*, pour justifier que la question temporelle de l'être est un questionnement matinal dans la pensée du sens de l'être. La détermination heideggérienne du temps comme ek-sistence, ce qui transcende tout existant, ne vise pas seulement à poser le temps comme horizon de définition de l'existence. Le projet cherche aussi à montrer que c'est dans le temps que l'être humain se réalise. Cet itinéraire d'une réalisation de la métaphysique comme la métaphysique que le *Dasein* est, apparaît clairement dans les œuvres de 1923 à 1926. D'ailleurs *Être et Temps,* on le sait, est un ensemble de travaux compilés pour répondre à l'exigence de publication en vue de la nomination à Marbourg à la succession de Nicolaï Hartmann[165]. Le projet mérite donc d'être explicité suivant les problématiques majeures qu'il porte.

---

[162] SUZ, *op. cit.,* 329.

[163] Jean Grondin pense même que cette conception rejoint l'anthropologie de Nietzsche (*der Mensch, das noch nicht festgestellte Tier : celui qui n'est pas fixé dans l'ontique)* ainsi que celle de Scheler *(der Mensch ist der Nein sagen könner : celui qui peut résister à l'étant* ». Voir GRONDIN, J., *Le tournant dans la pensée de Heidegger*, Paris, PUF, note 34, p. 61. Grondin résume son œuvre en des termes qui intéressent notre problématique : « La problématique du tournant, laquelle n'est pas uniquement l'affaire de la "dernière" philosophie de Heidegger, mais, en un sens, celle de toute sa pensée et, peut-être, de toute réflexion déterminée à affronter les défis philosophiques de notre temps sans se croire déjà en possession d'une vérité absolue. Si notre époque se caractérise par cette dépossession, l'expérience du tournant pourrait devenir une étape décisive de la pensée contemporaine au cours de son essentiel débat avec la métaphysique ».

[164] Voir BIMBENET, E., *L'animal que je ne suis plus*, Gallimard, coll. « Folio-essais », 2012.

[165] Soulignons à ce sujet, le mélange écœurant d'approches méthodologiques que l'on trouve dans l'œuvre de 1927. Heidegger obligé à publier son travail, mit ensemble plusieurs

6-2-1- L'être dans le temps

Dès le début de son chemin de pensée, Heidegger constate et dénonce une gigantomachie (combat de géants) autour de l'*ousia* (l'être). Tout en s'inscrivant dans la problématique de ces géants que sont Parménide, Platon, etc., c'est en Bergson qu'Heidegger trouve enfin explicitée l'implication du temps comme sens de l'être. La durée pure de Bergson énonce selon lui un projet d'authentification de l'être humain.

Dans un récent recueil d'articles intitulé *Heidegger en dialogue*, 1912-1930, édités par Servanne Jollivet et Claude Romano, on peut désormais s'assurer des relations d'emprunts que la phénoménologie de l'être, l'ontologie fondamentale, eut avec les courants philosophiques de son époque, notamment avec le bergsonisme[166]. Camille Riquier dans le même recueil d'articles analyse les parallèles[167] sous la thématique : « La durée pure comme esquisse de la temporalité ekstatique : Heidegger, lecteur de Bergson ».

En effet, Henri Bergson (1859-1941) s'était occupé des « *donnés immédiates de la conscience* » comme le lieu d'où peut se discerner un absolu du temps. Ce questionnement, qui reste similaire à celui de Husserl, ne s'est cependant pas tenu à distance du psychologisme. Heidegger qui y voit toutefois un effort voué à s'éloigner du « concept traditionnel du temps » souligne que Bergson a manqué le débat avec Aristote pour se démarquer entièrement du temps comme succession[168]. Pour Bergson, selon le commentaire de Heidegger dans le GA 9, le langage se saisit du réel et l'objective. Il n'est pas en mesure de dire le devenir sans le modifier. On trouve pareille entreprise chez Aristote qui pense le temps à partir de l'espace. D'où Bergson oppose à toutes ces falsifications, une compréhension du temps comme durée. Dans *l'évolution créatrice* (1907), Bergson signe une matière créatrice pour poser la réunification du temps comme élan vital. Ce qui conviendrait à la philosophie « comme effort pour dépasser la condition humaine ».

---

chemins de pensée ontologique, existentialiste, herméneutique, épistémologique, métaphysique, éthique, théologique, politique dont le génie fut d'avoir prouvé que toutes ces tendances convergent à poser l'unique question de l'homme. Pour y accéder, seule la phénoménologie pourrait conduire à atteindre cette originalité de définition dans laquelle toutes se retrouvent ; parce qu'elle seule peut partir de l'être pour déterminer le sens d'être de l'homme.

166 JOLLIVET, S., et ROMANO, C., *Heidegger en dialogue, 1912-1930*, Paris, Vrin, 2009.

167 Il est à faire remarquer que c'est Heidegger lui-même qui rend un hommage vibrant à Bergson et à travers lui à toute la philosophie française de l'époque. Dans une lettre de février 1920, le philosophe écrit à sa femme Elfride : « J'apprends beaucoup en étudiant Bergson – ce que je t'ai dit il y a des semaines déjà, combien peu nous connaissons les Français – se confirme de plus en plus ». Il affirme, comme le rapporte Cécile Delobel, que la question du temps tel que Husserl l'a posée et qui a suscité l'admiration était ainsi posée plus de vingt ans auparavant par Bergson. Dictionnaire Heidegger, *Bergson Henri, op. cit.*, p. 175-176.

168 GA 24, 329.

Cette approche nettement admirée dans *Être et Temps* apparaît pour Camille Riquier dans son article « La durée pure comme esquisse de la temporalité ekstatique : Heidegger, lecteur de Bergson »[169], l'aveu majeur du rapprochement immanquable entre les deux penseurs. Riquier cible effectivement le temps comme le fondement commun de l'ontologie entre Heidegger et Bergson en même temps qu'il constitue leur point de divergence. Alors que Bergson promeut l'élan vital à travers le Moi qui dure et crée, Heidegger place la détermination du sujet à l'horizon de sa mort. La thèse de Riquier est de montrer comment la durée bergsonienne sert d'esquisse à la temporalité ekstatique. Ce qui est visé, c'est le temps originaire à partir duquel il établit des parallèles en prenant appui sur des cours encore inédits de Heidegger (GA 21, 24, 26 donnés entre 1925 et 1928) qui constituent aussi de belles introductions et conclusions à *Être et Temps* (1927).

Aussi, dans son ouvrage, *Archéologie de Bergson*[170], Camille Riquier établit le même lien entre la notion du temps heideggérien hérité d'Aristote et la durée pure de Bergson. La durée pure s'impose sur ce ton comme une esquisse très proche de la temporalité ekstatique. Le *Gewesen du Dasein*, est traduit par Riquier comme *Gewesen-sein*, « être-passé », opposé à la traduction de Martineau « être-été ». En opposant la *Gewesenheit* à la *Vergangenheit*, Heidegger cherche à montrer que la factivité ne passe pas mais se trouve dans l'*ekstase* du temps qui chez Bergson fait de la durée un passage. Dans la mesure où Camille Riquier n'envisage la durée que dans *l'évolution créatrice* comme primat de l'avenir, alors que la temporalité heideggérienne se temporalise à partir de l'avenir, le terme d'avenir va recevoir la charge d'unir les deux penseurs.

L'avenir permet d'envisager le temps annoncé dans le passé concrétisé dans l'actualité. La vie est déterminée chez Bergson comme la durée, voire un élan vers l'avenir, une *ekstase*. Cette vie ne se comprend que comme élan dont il ne peut se distinguer. Cet élan, étant aussi fini pour Bergson, s'inscrit dans la temporalité heideggérienne qui loin d'être seulement *ekstatique* est aussi finie parce que projetée vers l'horizon fini de la mort, seule possibilité du *Dasein*. Mais, au dire de Heidegger lui-même, quoique Bergson se soit rapproché d'Aristote, le concept de durée, par lequel il pense dépasser Aristote, « ne lui permet pas d'accéder au phénomène authentique du temps »[171]. L'*évolution créatrice* ne livre pas la pertinence du questionnement sur le temps. Mais il a contribué à montrer combien *Matière et mémoire* (1896) est « fondamental pour la biologie moderne et cela contient des visées d'une pénétration qui est encore loin d'être épuisée pour un bon moment » (GA 21-250).

Par ailleurs, les deux philosophes restent aussi opposés sur la thématique du néant. Pour Bergson, le néant est synonyme d'inexistence et, par surcroît, de rien,

---

[169] RIQUIER, C., « La durée pure comme esquisse de la temporalité ekstatique : Heidegger, lecteur de Bergson » dans *Heidegger en dialogue, 1912-1930*, Servanne Jollivet et Claude Romano (dir.), Paris, 2009.

[170] Cf. RIQUIER, C., *Archéologie de Bergson. Temps et métaphysique*. Paris, PUF, coll. « Épiméthée », 2009.

[171] SUZ. Trad. MARTINEAU, p. 41.

ce qui l'oppose à l'être, c'est-à-dire l'existant. Le néant ne saurait être, par conséquent, la source de connaissance de ce qui est. Or, le rien heideggérien n'est rien d'étant[172]. Il reste « l'horizon vide d'une apparition possible de toute chose ». Il en découle que la signification du néant est pour Heidegger : l'être, *l'horizon d'ouverture de ce qui est.* Le rien comme néant pour identifier la vie trouve dans le *Dasein* une figure emblématique où factivité et élan vital s'harmonisent à l'horizon de la temporalité que seul le rien rend ontologiquement crédible. On comprend que Heidegger ne puisse pas s'en tenir au temps bergsonien dans la mesure où celui-ci ne vise pas à un changement de paradigme anthropologique. Chercher à connaître l'homme c'est découvrir son existence en direction de son essence c'est-à-dire en fonction du sens de l'être.

6-2-2- Le temps de l'être fini

Être et Temps a voulu « poser à neuf » la question de l'être à partir du temps. On sait que le projet n'a pas abouti. Le *Kantbuch* le finalise à travers le concept métaphysique de finitude qui va être analysé dans les conférences qui vont suivre la partie publiée d'*Être et Temps.* Ce jeu d'inachèvement-achèvement cherche à révéler que la question du *sens* de l'être est pour Heidegger une théorie à la manière de n'en être pas une. Elle s'illustre fondamentalement à l'encontre de tous les systèmes établis à commencer par l'ontologie traditionnelle.

Celle-ci a détourné la question du sens de l'être envisagé depuis Parménide et Héraclide, de l'oubli de l'être constaté depuis Aristote et Platon. L'ontologie métaphysique a phagocyté l'être comme une substance tantôt absolutisée tantôt subjectivée. Dans la mesure où aucune de ces démarches n'a su rendre compte du sens de l'être, « l'être attend toujours que l'homme se le remémore comme digne d'intérêt pour sa pensée »[173]. C'est la raison pour laquelle le dépassement suggéré de la métaphysique prônée par Heidegger, loin de tout abandon de la métaphysique, est le renouvellement de l'ontologie au profit du questionnement de l'être de l'étant

[172] DAVID, P., Dictionnaire Heidegger, Rien, *op. cit.*, p. 1155 : « Le rien s'avère incontournable en toute détermination de l'être ». Le rien heideggérien n'est pas un pur néant, par opposition à « quelque chose » comme chez Leibniz : « Pourquoi y a-t-il quelque chose plutôt que rien ? ». En rapport avec Bergson, qui dans l'Évolution créatrice note que « Les philosophes ne se sont guère occupés de l'idée du néant », (p. 728), le Rien pour Heidegger s'assimile au Néant et fonde la pensée philosophique. Loin d'être compris comme une pure négation. David Pascal précise qu'il « n'est pas rien du tout mais rien de tout, de ce tout que constitue l'étant en son entier » *(Ibid.)*. Ainsi l'être qui n'est rien d'étant équivaut au rien. Le rien reflète l'être dont l'absence est active au sein de chaque étant. L'être est un rien (das Nichts). Il n'est pas un étant. Dire néant, c'est dire « rien d'étant ». Pour Heidegger, le rien est l'origine de la négation et non son résultat. Cf. Qu'est-ce que la métaphysique ? « C'est seulement dans la nuit claire du rien de l'angoisse que surgit l'apérité originale de l'étant en tant que tel : qu'il y a de l'étant – et non pas rien » GA 9, 114.

[173] HEIDEGGER, M., cité par Roger Verneaux, *Histoire de la philosophie contemporaine*, Paris, Beauchesne et ses fils, 1960, p. 163.

pour accéder au sens de l'être. Cette confirmation du passage de l'ontique à l'ontologique est reprise par Jean-Luc Marion en termes de l'apparent à l'inapparent.

Le phénoménologue de la donation souligne que « l'ontologie se joue phénoménologiquement entre étant (apparent) et être (inapparent) »[174]. La méthode, pour accéder à cette phénoménologie de l'inapparent, est ni plus ni moins celle d'une « destruction ». Il ne s'agit pas de la « déconstruction » déjà opérée par Descartes, quand bien même la démarche reste très proche. Descartes, en effet, en vue d'atteindre une certitude dans l'ordre de la connaissance, opère dès le *Discours de la méthode,* une *tabula rasa* de toutes les connaissances précédentes pour penser par lui-même[175]. La destruction heideggérienne plus proche de *l'Ab/Abauen* allemand s'éloigne également de la *Destruktion* de Derrida. Pour celui-ci toutefois, la déconstruction est une *différence* qui n'évoque point une méthode mais entend remanier tous les domaines de la vie humaine sans aucun désir de les reconstruire.

Il est question dans ce cas précis d'une déconstruction « destructive ». Ce qui l'éloigne radicalement de Heidegger pour qui, même si déconstruction et destruction sont associées, cette dernière se présente comme une méthode au service de la première. C'est la raison pour laquelle Heidegger procède à la déconstruction afin de restituer le sens de l'être. La destruction comme possibilité laisse ouverte une reconstruction. Cela apparaît dans sa réappropriation de la tradition philosophique occidentale laquelle depuis Platon a posé l'être comme idée, fixé dans un concept.

Pour confirmer cette destruction, il procède à trois déconstructions : *le Cogito ergo sum*, le *Darstellung* kantien et la temporalité traditionnelle. En premier, il remet en cause *le Cogito ergo sum* cartésien dans sa prétention à constituer une métaphysique de la subjectivité. Descartes tout en posant les bases du « *cogito* » le rattache à l'ontologie médiévale. Le *res cogitans* ainsi rattaché fait perdre le sens du « *sum* », ce qui a tenu Descartes à distance de la question de l'être. Après avoir posé « la garantie divine de la vérité », en démontrant que « si nous ne savions que tout ce qui est en nous de réel et de vrai, vient d'un être parfait et infini, pour claires et distinctes que fussent nos idées, nous n'aurions aucune raison qui nous assurât qu'elles eussent la perfection d'être vraies »[176], Descartes en vient à sa première déduction métaphysique : « Je suis ». Le « *Ergo sum* » devient ainsi la première vérité à garantir de l'existence. Dans cette « découverte métaphysique de l'homme chez Descartes »[177], c'est plutôt un passage à la substance qui se laisse voir et se limite à la démonstration plutôt qu'à la monstration du phénomène. Le déplacement du « *Cogito* » vers la substance fut déjà remarquable chez Aristote

---

174 MARION, J.-L., « De l'apparent à l'inapparent » dans *Les collections du magazine littéraire,* hors série, mars-avril 2006, p. 25.

175 Cf. DESCARTES, R., *Discours de la méthode, pour bien conduire sa raison, et chercher la vérité dans les sciences,* Paris, Flammarion, 2003.

176 DESCARTES, R., Discours de la méthode..., *op. cit.,* 4e partie, A.T., VI, 39, lignes 3-7.

177 Cf. ALQUIÉ, *La découverte métaphysique de l'homme chez Descartes,* Paris, PUF, 1950

bien que chez ce dernier, le phénomène identifié est la « conscience », c'est-à-dire le « je me voyais me voir » de la Jeune Parque[178].

Cette conscience est placée à côté du phénomène total. Mais pour Aristote, voir une chose n'est pas se voir soi-même en tant que se voyant. C'est la chose elle-même qui est son apparition et me tient à côté d'elle. Dans ce côte-à-côte où le « Je » doit apparaître à lui-même, n'est supposé aucun passage à la substantialité. Il est évident, comme l'affirme Descartes, que « nous nous rendons compte que nous voyons et entendons »[179] mais de là à en tirer à soi-même la garantie sous la simple considération du « vu » ou de « l'entendu », appauvrit le phénomène que « Je suis » menacé plutôt par le *Sicherscheinen* (être sûr) d'un *ego* comme *cogitans.*

Jean Beaufret dans son *Dialogue avec Heidegger*, met en rapport « Phénomène » et « Vérité » qu'il cherche à ramener à la lumière de l'être pour déterminer le sens de celui-ci. De là apparaît l'ambiguïté qui fait remarquer que déjà chez Aristote, l'être essentiellement tenu pour *aletheia* est mis en retrait. Face à cette « inassurance secrète » de « s'assurer de l'étant » remarque Beaufret, « fort de son Dieu connu comme non trompeur, *l'ego cogito* est déjà à pied d'œuvre pour la domination méthodique de l'étant »[180]. Pour Heidegger, c'est le point de départ de la métaphysique de la subjectivité qui connaîtra des facettes diversifiées sans qu'aucune ne délivre l'être de son sens. Le « beau cri » de Pascal, énoncé comme un « consentement de vous à vous-même », pour sauver l'homme à la dimension « d'une vie chrétienne » n'a pu être sans la souveraineté de la subjectivité déjà posée par Descartes.

Dans la querelle qui oppose Kant à Leibniz, la substance comme sujet fut toujours au premier rang, ouvrant ainsi à Hegel l'horizon de la confirmer dans son *Système de la science.* L'effort de Nietzsche qui réduit l'*ego cogito* à un *ego volo* en débouchant sur la volonté de puissance confirme l'assise de la subjectivité dans laquelle le projet s'est inscrit. Nietzsche aurait voulu penser la substance plus fondamentale que le sujet, donc plus que Hegel. On peut alors remarquer que : « la subjectivité qui, à partir de Descartes, prend le pas sur l'antique substantialité au point de se substituer à elle avec Hegel dans la représentation d'un sujet absolu, ne signifie nullement que l'objet fasse défaut. Elle est en effet, dans son essence, ouverture à l'objet »[181]. La destruction heideggérienne s'accorde de fait à la *Darstellung* kantienne. C'est le deuxième point des trois déconstructions.

La lecture heideggerienne de la *Critique* s'est limitée à la doctrine kantienne du schématisme à laquelle Heidegger applique sa propre doctrine du temps. Nous l'avons longuement explicité. C'est la thèse du rapport « connaissance et pensée » par laquelle Kant affirme que toute connaissance est essentiellement pensée qui permet de justifier la relation discursive entre ce que l'on pense et ce qui en est

---

178 Cf. ARISTOTE, *De Anima*, 425b 12.

179 DESCARTES, R., *Méditations* I, A.T., VII, 51, lignes 23-24.

180 BEAUFRET, J., *Dialogue avec Heidegger, Philosophie moderne*, vol. 2. Paris, Minuit, 1973, p. 43.

181 *Idem.*

représenté (*Darstellung*, représentation). Toute pensée cependant ne peut tenir lieu de connaissance. Quoique soumise à des règles et à une logique d'argumentation, toute pensée reste un « jeu ». Or l'esprit, lorsqu'il s'engage à penser, cherche à dépasser le simple jeu des représentations. Il doit plutôt sonder l'objet qui se présente à lui. Autrement dit, précise Beaufret, « Si l'on ne peut connaître que selon les règles de ce jeu qui est le jeu de la pensée, on ne peut cependant rien connaître si l'on est seulement attentif à ne pas s'écarter des règles du jeu »[182].

Comme dans un jeu, Descartes s'est inscrit entre l'existence de Dieu et la liberté de l'homme jusqu'à se faire prendre à son propre jeu. Le même jeu se fait remarquable à travers « l'unité de substance et de l'homme éternel » de Spinoza et « l'harmonie des substances » de Leibniz. Tout ce jeu semble se jouer de nous plutôt que de nous faire connaître à nous-mêmes. Pour accéder à la connaissance des choses, autrement que d'être soumis à la pensée, la *Critique* affirme : « De quelque manière et par quelque moyen qu'une connaissance puisse se rapporter à des objets, le mode par lequel elle s'y rapporte immédiatement et auquel tend toute pensée comme au but en vue duquel elle est seulement moyen est l'intuition »[183].

L'intuition est la représentation qui favorise la mise en présence de la chose. Dans les *Prolégomènes*, Kant l'identifie nommément à la représentation étant donné qu'elle rend manifeste son objet. C'est l'enjeu de toute pensée de rendre manifeste la présence. L'ayant soutenu contre le néokantisme, le penseur atteste qu'il relève d'une radicalité intellectuelle en reconnaissant et acceptant au nom même de la fidélité à la pensée de Kant, que « l'intuition coïncide avec la présence de son objet ». La démarche toute simple est double. L'intuition engendre ce qu'elle rend présent. Ce que justifie l'*intuitus originarius* dont nous avons déjà largement exploré le mode d'avènement. Par contre, sans même donner naissance à la présence, ou se trouvant dans l'incapacité de le faire, l'intuition peut accueillir l'objet qui se pose à elle comme présence. Dans l'un ou l'autre des cas, l'intuition n'est pas moins ce qui rend présent l'objet. Ce qui justifie que dans l'objet présent, il est question d'un *donné* à laisser être devant soi. Beaufret affirme que : « si l'intuition infinie, celle de Dieu, est créatrice de présence, l'intuition finie, celle de l'homme, a pour nature de faire face et d'accueillir comme lui faisant face le don de la présence dans le vis-à-vis sans échappatoire de l'objectivité »[184].

Face à cette antiphanie qui nous saute aux yeux, à cette finitude que nous sommes, et pour qui surgit intuitivement toute idée pure comme présence, se mesure l'exhibition de tout objet. C'est ce que Kant désigne par *Darstellung* et que le latin traduit *exhibitio*. En réalité, confirme Heidegger, le problème de la *Critique de la raison pure* est le problème de l'exhibition de la présentation concrète des concepts. Si l'élaboration de la *Critique* ne réserve aucun chapitre à l'étude de la *Dars-*

---

182 *Ibid.*, p. 77.

183 KANT, E., *Critique de la raison pure*, cité par Jean Beaufret, *Dialogue avec Heidegger, op. cit.*, p. 78.

184 BEAUFRET, J., *Dialogue avec Heidegger, op. cit.*, p. 77-78.

tellung c'est bien parce que tout le Criticisme en est la problématique. Ce n'est que dans l'œuvre posthume du penseur de Königsberg, notamment dans la dissertation adressée à l'Académie de Berlin en 1788 intitulée : *De la manière de procurer de la réalité objective aux purs concepts de l'entendement et de la raison* qu'il écrit :

Un pur concept de l'entendement, le représenter comme concevable à même un objet d'expérience possible, c'est lui procurer de la réalité objective et, somme toute, le présenter (*darstellen*). Là où il n'est pas possible d'y arriver, le concept est vide, c'est-à-dire ne suffit à aucune connaissance. Cette opération, quand elle confère directement au concept une réalité objective grâce à l'intuition qui lui correspond, c'est-à-dire quand le concept est directement présenté, se nomme schématisme ; si le concept ne peut pas être présenté immédiatement, mais seulement dans ses conséquences, on peut la nommer symbolisation du concept. Le schématisme intervient à l'occasion des concepts du sensible. La symbolisation vient au secours des concepts du suprasensible, qui dès lors ne peuvent pas être à proprement parler présentés, c'est-à-dire donnés dans aucune expérience possible, bien qu'ils appartiennent toutefois nécessairement à une connaissance, celle-ci ne fût-elle possible que comme pratique[185].

Dans ce texte, la *Darstellung* est perçue à la fois comme schématisme et comme symbolisation. Cette division est approfondie plus loin comme distinction lorsque Kant affirme : « Quant à un concept l'intuition correspondante peut être adjointe *a priori*, on dit alors de ce concept qu'il est construction ; s'il s'agit seulement d'une intuition empirique, elle n'est, dit-on, qu'un simple exemple pour le concept. L'opération d'adjoindre l'intuition au concept s'appelle dans les deux cas *Darstellung (exhibio)* de l'objet, sans elle il ne peut avoir aucune connaissance »[186].

La thématique de *Darstellung* n'a vraiment pas connu de division chez Kant sinon des distinctions modales telles : *l'exemple, le symbole, la construction, le schème.* Chacune de ces structures de la *Darstellung* sont des modalités de la présence de tout objet dont la fonction selon les niveaux est de montrer dans l'expérience la correspondance d'un concept donné avec l'objet. Seules les deux modalités de construction et de schématisation s'inscrivent dans notre problématique et permettent de voir la *Critique* comme la construction mathématique qui doit faire advenir les concepts purs comme schèmes de connaissance. Par cette construction mentale, *constructio mentalis*, Kant a fait advenir la production du concept comme figure dans l'espace et par le schématisme il produit le « temps » lui-même. C'est ce que nous avons vu à travers l'imagination, et qui représente l'analyse du chapitre : *Du schématisme des concepts purs de l'entendement.*

L'imagination est directement présentative comme l'a montré le §29 de *Kant et le problème de la métaphysique.* Nous l'avons identifiée comme « racine commune », voire unité contre la supposition de toute dualité. Jean Beaufret dans le commentaire que nous lisons, souligne encore explicitement que « c'est par

---

[185] KANT, E., œuvres posthumes, *De la manière de procurer de la réalité objective aux purs concepts de l'entendement et de la raison.* Cité par BEAUFRET, J., *op. cit.*, p. 80.

[186] *Idem.*

l'imagination et par elle seulement que sensibilité et entendement peuvent devenir "sources de connaissances" »[187].

Dépassant la distinction platonicienne de l'intelligible et du sensible, Kant pose l'imagination non comme un intermédiaire mais comme le principe même de ralliement par lequel l'une se fonde dans l'autre pour devenir unitaire laissant apparaître le temps comme lieu et manifestation de toute connaissance. C'est ce qui devient évident pour Heidegger, soulignant toutefois que Kant n'a pas su poser la question du temps dans l'horizon de l'être. Apparaît alors le troisième moment, celui de s'attaquer à l'ontologie traditionnelle proprement dite pour montrer que la destruction doit affronter le fondement de l'ontologie antique en posant la problématique de la temporalité comme horizon ultime de toute interprétation de l'être.

6-2-3- L'être catégorialement temporel

Le temps, puisqu'il nous apparaît, après l'objectivité (l'objet des anciens), et la subjectivité (le sujet des modernes), comme troisième catégorie de l'entendement, devient l'horizon transcendantal vers lequel le sens de l'Être se donne. *Être et Temps*, c'est donc l'être dans le temps, entendu le temps comme être (Françoise Dastur). Il s'ensuit que la déconstruction heideggérienne est : « Une recherche généalogique visant à établir "l'acte de naissance" de l'ontologie. Elle a une fonction positive puisqu'elle rend possible une réappropriation féconde de la tradition. Elle est surtout négative à l'égard des mauvaises stratégies contemporaines d'appropriation de l'histoire de la métaphysique »[188]. Donc, dire que Heidegger n'a pas assumé la métaphysique, c'est n'avoir pas lu le *Kantbuch*. Peut-être faut-il d'abord assumer soi-même ce que l'on entend par métaphysique. Assumant par notre travail le rapport intrinsèque entre finitude et métaphysique, l'intérêt est de montrer que l'être humain en même temps qu'il échappe à toute subjectivité, se détermine dans le temps et va au-delà de toute substance qui le fait être. Il transcende sa condition sans excéder le temps parce que seul le temps lui donne d'être.

D'ailleurs, l'être lui-même se donne dans le temps. Le temps grâce auquel est rendue possible la déconstruction de la métaphysique (traditionnelle) apparaît comme l'évènement de la vérité de l'être. Pour le dire avec Géneviève Hebert, « ce à partir de quoi le *Dasein* en général comprend et explicite silencieusement quelque chose comme l'être est le temps »[189]. On peut maintenant affirmer en vue de mieux cerner le cadre de la pensée de Heidegger, que la nouvelle ontologie mise en place est celle de la vérité de l'être. La vérité de l'être a pour nom la nouvelle ontologie. Sa fonction est la détermination de l'être vrai du *Dasein*. Comment cet être vrai peut-il se manifester et s'assumer au cœur du monde et des déterminations de

---

[187] *Idem.*

[188] HEIDEGGER, M., *Être et Temps, op. cit.*, p. 43.

[189] HEBERT, G., « Déconstruction et herméneutique » dans *Le statut contemporain de la philosophie première*, présentation de Philippe Capelle, Paris, Beauchesne, 1996, p. 196.

celui-ci ? La nouveauté de cette ontologie s'explique par le fait qu'elle s'inscrit dans la recherche de la vérité de l'Être comme temporalité. L'être du temps se fonde à partir de la vérité de l'être. Une démarche qui a échappé à la métaphysique traditionnelle. Nous n'envisageons pas renouveler la métaphysique en tant que quête de la rationalité de ce qui est.

Pour nous, le « Pourquoi du pourquoi est sans pourquoi, c'est l'être ». En fonction de cet être, nous avons à soutenir le projet que vise toute métaphysique même si cela lui échappe dans son élaboration. Ce projet, c'est de déterminer comment « vivre sa finitude ». Raison pour laquelle nous affirmons que la métaphysique comme discipline philosophique est un mode de pensée propre à une époque et qui détient sa démarche propre et ses schèmes de pensée appropriés. Notre option pour la phénoménologie, quand bien même elle part de la polémique « Phénoménologie et Métaphysique », *Kant et le problème de la métaphysique*, tient celle-ci moins comme une « science » qu'une attitude existentiale. La démarcation à observer entre les deux disciplines est à préciser, ceci en tenant compte de Heidegger lui-même qui suggère à la fois le dépassement aussi bien de la métaphysique que de la phénoménologie, si celle-ci ne délaisse pas toute prétention à se constituer en « science rigoureuse ». Husserl lui-même n'a pas manqué de le suggérer suivant la rigueur attendue du *principe des principes* :

> Mais finissons-en avec les théories absurdes ! Avec le principe des principes, nulle théorie imaginable ne peut nous induire en erreur : à savoir que toute intuition donatrice originaire est une source de droit pour la connaissance ; tout ce qui s'offre à nous dans « l'intuition » de façon originaire doit être simplement reçu pour ce qu'il se donne, mais sans non plus outrepasser les limites dans lesquelles il se donne alors[190].

Cette limite donatrice, qui n'est pas une limitation, est la finitude originaire qui fonde l'ontologie fondamentale contre toute hésitation phénoménologique de mise entre parenthèse du monde. Ainsi, la phénoménologie qui, déjà éloignée de la métaphysique, doit aussi cesser d'être une « simple description de la pure présence ». « La métaphysique ne répond nulle part à la question portant sur la vérité de l'être, parce qu'elle ne pose jamais cette question. Elle ne pose pas cette question, parce qu'elle ne pense l'être qu'autant qu'elle représente l'étant en tant qu'étant »[191]. C'est donc pour marquer toute différence que Heidegger ajoute à son ontologie, l'épithète de fondamentale.

C'est là le retour au « commencement de la métaphysique » déjà énoncé depuis Parménide qui a posé la question de la vérité de l'être comme *aletheia*. C'est le fondement de la philosophie du « sens de l'être ». Le sens de l'Être et la vérité de l'Être se déploient dorénavant sous les traits du sens de l'existence de l'homme. Heidegger l'aura explicité lors de ses derniers séminaires notamment le « séminaire de Thor » où il détermine le *Dasein* comme une ouverture. « Au cœur du sens,

---

[190] HUSSERL, E., *Idées directrices pour la phénoménologie, § 24*, trad. P. Ricœur, Paris, Gallimard, 1950, p. 78.

[191] HEIDEGGER, M., *Être et Temps, op. cit.*, p. 27.

commente Vincent Travato, l'être s'ouvre. Le sens de l'être est donc, la vérité de l'être. C'est uniquement à partir de la vérité de l'être qu'on peut comprendre l'être »[192]. Le *Dasein* reçoit la distinction d'être ce lieu où la vérité de l'Être a un sens. En cherchant la vérité de l'être, le *Dasein* peut se comprendre lui-même, penser sa propre existence : « L'étant qui est sur le mode de l'existence est l'homme. L'homme seul existe. Le rocher est, mais il n'existe pas. L'arbre est, mais il n'existe pas [...] La proposition : "l'homme seul existe" signifie : l'homme est cet étant dont l'être est signalé dans l'Être »[193].

Dès lors, toute connaissance de l'humain doit être posée en fonction de cette vérité du sens de l'être. Pour être menée dans sa juste valeur, elle doit s'inscrire dans cette temporalité qui confirme la finitude de toute connaissance et par laquelle toute métaphysique, celle du *Dasein* notamment, peut s'élaborer. Autrement dit, pour déterminer la vérité de l'être, il faut partir non pas de l'être mais du sens de l'être. La question du sens de l'être ne s'envisage qu'à partir de l'homme. L'homme dont le *Dasein* est l'indicatif et le seul en mesure de livrer le sens de l'être comme vérité de l'être. Il s'ensuit que l'homme est connaissable grâce à sa finitude et à condition qu'il en saisisse le sens, celui de se savoir être fini. Si connaître, c'est connaître avec certitude, seul l'humain est connaissable parce que de l'être humain, la finitude demeure la seule évidence. L'humain est fini et seule la finitude est sa raison d'être. Heidegger va au-delà des limites supposées par Kant dans cette décision de penser l'homme à partir de lui-même et va jusqu'à poser la « chose en soi » kantienne au sein du questionnement sur la finitude.

À ce seuil de compréhension de la pensée de Heidegger, il ne reste qu'à récuser toute approche métaphysique pour accéder à la connaissance de l'être humain. Ce qui nous amène à poser la théorie heideggérienne comme cadre définitif à toute compréhension de l'être. Ce n'est qu'en fonction de cette théorie ontologico-historiale que reste concevable l'avenir de la phénoménologie comme la tâche contemporaine de la pensée. En réalisant l'au-delà de la philosophie transcendantale, la finitude, le propre de l'ontologie fondamentale l'aura attesté.

Section VI-3- La théorie ontologico-historiale

Joël Balazut, dans son article « La critique de la raison pure comme préfiguration de l'ontologie fondamentale », explique que l'intérêt porté par Heidegger à la *Critique* vise à exalter la finitude humaine sous l'angle de la connaissance[194]. Une telle connaissance finie est l'essence du connaître humain aussi bien du sujet connaissant que de l'objet à connaître.

---

[192] TRAVATO, V., *Le concept de l'être-au-monde chez Heidegger*, Paris, L'Harmattan, p. 13.

[193] HEIDEGGER, M., *Questions I et II, Paris*, Gallimard, 1986, p. 33.

[194] BALAZUT, J., « La critique de la raison pure comme préfiguration de l'ontologie fondamentale », *Le portique* (en ligne), 26 /2011, mis en ligne le 11 février 2013, consulté le 18 janvier 2016.

L'intérêt porte sur cette connaissance humaine ainsi que le souligne Balazut : « la connaissance humaine est celle d'un étant toujours situé au beau milieu de l'étant »[195]. Étant donné qu'il n'y a de connaissance que dans la réceptivité de notre rapport à l'objet, la spontanéité que produit un tel rapport se précise aussi dans le cadre de la connaissance humaine finie comme une réceptivité. Comment cette connaissance finie se rend-elle spontanément possible comme réceptivité ? Cet effort de restitution de l'objectivité de la connaissance humaine implique dans sa clarification la connaissance métaphysique. La métaphysique c'est l'humain. Sa connaissance reste liée au principe de « Raison sensible pure » telle que nous venons de le prouver par le pouvoir de création de l'imagination transcendantale.

La forme originelle de toute connaissance humaine passe nécessairement par les sens et « relève à la fois des conditions de possibilités *a priori* de la spontanéité créatrice d'une pensée, d'un intellect et de la réceptivité d'une sensibilité »[196]. C'est en ce sens que l'imagination transcendantale s'est affirmée comme la faculté à la fois sensible et intellectuelle de toute connaissance. Le fondement de la métaphysique ainsi discerné, Heidegger procède à son instauration. Dans les §§26 à 35 du *Kantbuch*, il réexamine l'entreprise kantienne dans son originalité.

La prééminence accordée à l'imagination, jusqu'à y voir un enjeu transcendantal, l'impose comme la synthèse pure et originelle qui ordonne l'intuition pure qu'est le temps à la pensée. La source de cette imagination transcendantale provient du schématisme et forme l'unité de la connaissance ontologique du fait qu'elle se situe déjà en tant que fondement : « L'imagination transcendantale est donc le fondement sur lequel se construisent la possibilité intrinsèque de la connaissance ontologique et du même coup celle de la *métaphysica generalis* »[197].

On comprend pourquoi notre lecture de Heidegger lisant Kant, loin de souscrire à un quelconque achèvement de la métaphysique, opère un « retour au fondement » de cette métaphysique qui dorénavant se laisse penser. Cette précision se trouve dans le deuxième cours sur Nietzsche où il est souligné que : « la fin de la philosophie n'est pas la fin de la pensée, laquelle est en train de passer à un autre commencement »[198]. L'histoire de l'ontologie et la destruction de la tradition métaphysique portaient depuis toujours le projet d'ouvrir « la pensée à son commencement » en la sortant d'une « tradition sclérosée »[199].

Françoise Dastur mentionne que l'enjeu majeur de cette « destruction » de la tradition métaphysique était « de maintenir en vie la philosophie en la réenracinant dans son commencement véritable »[200]. En quoi consiste réellement ce com-

---

[195] *Idem.*

[196] *Idem.*

[197] KPM, p. 186.

[198] Cf. NIETZSCHE II, *op. cit.*, p. 247.

[199] *Idem.*

[200] Cf. DASTUR, F. : « La fin de la philosophie et l'autre commencement de la pensée », dans *Heidegger. Questions ouvertes,* Collège International de Philosophie, Osiris, mars 1988. Le dépassement comme achèvement trouve aussi une autre lecture avec le projet hégélien

mencement ? Il est question bien évidemment du « commencement grec » qui est le point de départ de la pensée, voire de la philosophie elle-même. Mais le contexte paraît complexe, devenant même le point de discorde entre philosophie et métaphysique sous l'arbitrage aujourd'hui salutaire de la phénoménologie. Pour tracer le chemin vers ce commencement, il faut distinguer l'historialité du *Dasein* de l'historicité de l'être.

L'histoire de l'être est porteuse du langage métaphysique. L'interprétation ontologique du *Dasein* qui doit révéler son « fond existentiel », doit se rechercher en lui-même, en sa propre histoire et non plus dans la philosophie. L'ontologie fondamentale est en ce sens la possibilité offerte au *Dasein* pour accéder enfin à ses possibilités les plus originaires. C'est là encore que s'énonce la précision du dépassement de la métaphysique qui ne consiste pas à rechercher un but lointain de la philosophie, mais à faire de celle-ci la finalité même de la pensée. La fin supposée par le dépassement est la réalisation de la philosophie comme *Dasein.* Cette aventure qui part de la destruction de la question de l'être, devrait aboutir à renouer avec « l'expérience originaire » de la pensée.

L'idée de Heidegger en vue du commencement porte sans confusion sur une certaine « expérience » jadis réalisée et vers laquelle nous devons retourner de façon à atteindre les fondements déjà posés par les Grecs. Ceci n'est que la vision historique du commencement. La différence capitale entre l'historialité du *Dasein* et celle de l'être, est ce que nous nommons « *théorie ontologico-historiale* » pour emprunter l'expression à Walter Schweidler qui précise à juste titre qu'elle « n'est ni histoire de la philosophie ni une philosophie de l'histoire »[201].

La « *théorie ontologico-historiale* » consiste à l'évaluation de l'intérieur de la métaphysique elle-même afin de déboucher sur le questionnement originaire qui jusque-là lui a échappé. C'est là que s'énonce le commencement de la philosophie, en ce moment même où l'ontologie historiale nous donne accès au lieu où la parole métaphysique cède le pas à la parole philosophique. Ce retour au commencement, loin d'être la recherche absurde du contenu de la philosophie, est l'accès à ce qui s'est depuis toujours donné à penser dans l'acte de philosopher et que celui-ci, devenu métaphysique, aurait manqué. Ceci consiste à faire coïncider le philosopher avec le philosophant. Il nous faut le montrer en procédant à l'évaluation de la métaphysique sous le prisme ontothéologique que la pensée de l'être exige comme point de départ pour le renouveau de l'histoire de la philosophie.

Dans la *metaphysica naturalis* que nous élaborons, et qui se veut une « *métaphysique pratique* », s'impose une herméneutique métaphysique pour justifier de la fin annoncée et du commencement prononcé de cette métaphysique traditionnelle et de la critique ontothéologique. À cette dernière, l'élaboration du *Dasein* comme

---

d'une métaphysique absolue dont il faut aussi repenser la fin comme un nouveau commencement de la pensée. Car pour Heidegger, bien qu'il ait parcouru tous les problèmes philosophiques Hegel « n'a pas épuisé toutes les possibilités que recelait le premier commencement grec ».

201 SCHWEIDLER, W., *Au-delà de la métaphysique*, Paris, Hermann-Editeurs, trad. Line Soryano, 2015, p. 292.

philosophant n'a pas échappé. Toute herméneutique métaphysique est une tentative de « sortir de l'être » au sens de l'ontologie traditionnelle ouvrant ainsi l'accès à la réalisation de la philosophie transcendantale comme ontologie fondamentale

TROISIÈME PARTIE

Heidegger au-delà de Kant
La transcendantalité du *Dasein*

Jusque-là, nous avons fait remarquer que Martin Heidegger ne s'est pas contenté de poser l'imagination hors du monde empirique. Il dépasse l'ordre du transcendantalisme justifiant « dès lors que la phénoménologie se présente comme une pensée de la corrélation, pour laquelle ni l'objet ni le sujet n'ont de privilège strict dans la mise en forme de l'expérience (au sens kantien du terme) »[202].

Placée dans le même rapport avec l'intellect, l'imagination constitue l'essence de toute connaissance. Au § 28 du *Kantbuch,* il affirme, comme nous l'avons montré, le lien inconditionnel entre imagination pure et intuition transcendantale : « Le caractère transcendantal de l'intuition transcendantale se précise également par cette interprétation de l'intuition pure, s'il est vrai que la signification propre de la transcendance se fonde dans l'imagination pure ». De là, nous avons pu identifier le principe de « Raison sensible pure » - sensibilité qui n'est point sensualiste - et nous l'avons posé comme conforme à l'élaboration d'une ontologie fondamentale.

La « Raison sensible pure » prend la place de la raison pure considérée jusque-là comme seule détentrice du pouvoir de connaître. « La raison ne peut plus à présent être tenue pour une faculté supérieure » dès lors que la subjectivité est perçue comme temporalité ekstatique qui fonde toute connaissance ontologique et engendre tout savoir. Les trois phénomènes du temps, de l'être et du *Dasein* lui-même vont bénéficier d'un traitement spécifique pour faire ressortir le point de distinction entre la philosophie transcendantale et l'ontologie fondamentale. Il convient de souligner que la vision heideggérienne du temps pose celui-ci comme l'horizon fermé de tout savoir au point même de s'assimiler les deux autres phénomènes de l'être et du *Dasein*. La question ici est celle que s'est posée le philosophe lui-même, à savoir : « Quelle est l'essence du temps pour que l'être se fonde en lui et que la question de l'être comme problème directeur de la métaphysique puisse et doive être déployée dans un tel horizon ? »[203] Cet horizon, c'est bien sûr celui de la finitude ontologique.

L'être, parce qu'il est « présence » (*ousia et parousia*), est dans le temps. La présence de l'être ne s'aperçoit que dans l'horizon du temps c'est-à-dire du « présent (*Gegenwart)* et de sa présence (*Präsenz)* » (GA 31-114). L'être est fondamentalement temporel en ce sens qu'il se tient dans le présent. Ce caractère présentiel du temps est ce qui révèle sa finitude et l'adjoint à l'être. Le temps sort ainsi de ses modalités temporelles de « Présent-passé-futur » pour devenir le mode originaire de présenteté de l'étant. Il prend une nouvelle dimension, celle d'une affection pure. Le temps sort de sa temporalité pour se révéler comme auto-affectif. En tant que connaissance ontologique, il se présente comme l'ultime essence de la connaissance de l'objet, et comme tel il est la mesure de détermination de l'être en soi. On lit dans la même œuvre que : « le temps comme affection pure de soi [...] forme l'essence de toute auto-sollicitation. Donc, s'il appartient à l'ensemble du sujet fini

---

[202] HARDY, J.-S., & PRADELLE, D., *Généalogie de la raison. Essai sur l'historicité du sujet transcendantal de Kant à Heidegger*, Paris, Presses universitaires de France, collection « Épiméthée », 458 pages, 2013. Philosophiques 432 (2016), p. 517-531.

[203] HEIDEGGER, M., *De l'essence de la liberté humaine. Introduction à la philosophie*, Paris, Gallimard, 1987, p. 117. GA 31.

de pouvoir être sollicité comme soi, le temps, auto-affection pure, forme la structure essentielle de la subjectivité » (GA 31-245).

CHAPITRE VII

L'ontologie fondamentale au-delà de la philosophie transcendantale

La force d'influence de la pensée de Heidegger ne se situe plus de nos jours dans le projet porté par l'ontologie fondamentale comme questionnement du sens de l'être qui trouve son élaboration dans « l'herméneutique existentiale de l'être-là (*Dasein*) ». Ce critère de « déconstruction de la métaphysique », qui est apparu presque comme une exigence de « l'ontologie fondamentale », est même abandonné à la limite du *Kehre* (Tournant). Ce qui reste alors d'un grand intérêt pour nous est de montrer que son projet de déconstruction de la métaphysique est également porteur de l'ambition de réaliser un au-delà de la philosophie transcendantale.

Autrement dit, il ne s'agit pas de montrer que Heidegger a pensé contre Kant. Mais dans la fidélité au projet de l'instauration d'un fondement de la métaphysique qui s'est voulu ontologie fondamentale encore entendue métaphysique du *Dasein,* Heidegger en assumant l'héritage de la philosophie transcendantale, voire « l'idéalisme transcendantal », a réussi à réconcilier tous les phénomènes qui se donnent tels qu'ils se donnent à penser. La « Raison sensible pure » dévoile le comment de l'apparaître de façon à justifier que celui-ci ne peut pas être expliqué à partir d'un sujet qui, avant tout, est lui-même quelque chose d'apparaissant. S'il apparaît à son tour, c'est qu'il est soumis lui-même à la légalité de l'apparaître, au lieu d'en être le principe. D'où, le plan d'explication de la phénoménologie, qu'elle soit subjective ou asubjective, se situe dans le sujet. L'apparaître (de l'étant) est reconduit au subjectif (le moi, le vécu, la représentation, la pensée) comme ultime base d'éclaircissement. Donc un sujet qui reste soumis comme tout étant à des règles *a priori.*

Section VII-1- De l'expérience transcendantale

Pour accéder à la vraie connaissance, la philosophie transcendantale en fonde l'essence à partir de l'expérience. Heidegger en y adhérant sous le mode de la finitude, premier donné de l'entendement atteste que « l'expérience elle-même est un mode de connaissance qui exige le concours de l'entendement, dont il me faut présupposer la règle en moi-même, avant que les objets me soient donnés, par conséquent *a priori,* et cette règle s'exprime en des concepts *a priori,* sur lesquels tous les objets de l'expérience doivent nécessairement se régler et avec lesquels ils doivent s'accorder... nous ne connaissons *a priori* des choses que ce que nous y mettons nous-mêmes »[204].

C'est pourquoi le rayonnement contemporain de l'ontologie fondamentale est à situer dans ce « retour au commencement » de la pensée qu'elle indique comme possibilité de penser. C'est ce que précise Karl-Otto Apel lorsqu'il identifie le geste heideggérien à une reconstruction et une destruction critique de toutes les formes courantes de pensée dans la métaphysique et dans la science. Il s'agit note-t-il :

> De retrouver ainsi dans une certaine mesure l'espace de jeu d'une « pensée du commencement » telle qu'il subsiste encore dans le mythe et possiblement chez les penseurs présocratiques ; cet espace de jeu pourrait établir dans l'histoire de l'être les présupposées d'une pensée post-métaphysique et post-technique, dans la mesure où celles-ci sont circonscrites comme une possibilité dans l'évènement (*Ereignis)* immémorial de l'éclaircie de l'être (*Lichtung des Seins*)[205].

Cette pensée post-rationnelle qui n'a rien d'irrationnelle[206] est bien ce que Heidegger a voulu mesurer à la hauteur du Criticisme, de la philosophie transcendantale de Kant, pour à la fois la sortir de la stagnation intellectuelle (épistémologique) et ramener la philosophie à son sens, le questionnement de la finitude comme essence. On comprend dès lors que *la sortie heideggérienne de la métaphysique* réalise le « droit aux choses ». Geste que Kant a initié mais jusque-là non explicité pour la simple raison que l'être, objet de la philosophie, n'a pas été appréhendé dans sa juste mesure. Le renouveau qu'apporte Heidegger à la lecture kantienne, si elle tarde à se réaliser à cause des tumultueuses tendances qu'a connues la réception d'*Être et Temps* dans le monde de la pensée, ne saurait être ignoré dans sa large contribution à « la transformation herméneutique et phénoménologique de la philosophie transcendantale »[207].

Cette thèse de Karl-Otto Apel illustre le projet de dé-transcendantalisation (*Detranszendentalisierung*) à laquelle l'ontologie fondamentale s'est appliquée pour faire advenir « l'historicisation, toute possibilité de constitution du sens ». Autrement dit, Karl-Otto pense qu'il s'agit « d'une transformation dans le sens d'un élar-

---

[204] KANT, E., *Critique de la raison pure*, 1re édition, 1781 (A), § 10.

[205] APEL, K.-O., « Constitution du sens et justification de la validité. Heidegger a-t-il dépassé la philosophie transcendantale par sa conception de "l'histoire de l'être" ? » dans *Les Études philosophiques*, PUF, Juillet-Septembre, 1990. p. 374-396.

[206] Dans la méditation sur « La fin de la philosophie et la tâche de la pensée », le philosophe s'est questionné sur le sens de *ratio,* de fondement. Il intensifie le questionnement en se demandant si « nous ne pouvons jamais le déterminer d'une manière satisfaisante, si nous nous dispensons de faire, en mode grec, l'épreuve de l'*Aletheia* comme non-voilement, pour ensuite la penser, dans un dépassement de l'expérience grecque elle-même, comme l'éclaircie du se-voiler ». Un tel propos ouvre sur l'interrogation à déterminer une pensée en « dehors de la distinction du rationnel et de l'irrationnel », *Questions IV, La fin de la philosophie et la tâche de la pensée*, Paris, Gallimard 1976, trad. Française, 281-332.

[207] APEL, K.-O., « Constitution du sens et justification de la validité. Heidegger a-t-il dépassé la philosophie transcendantale par sa conception de "l'histoire de l'être" ? » dans *Les Études philosophiques*, PUF, Juillet-Septembre, 1990. p. 374-396.

gissement ainsi que d'une nouvelle réponse apportée à la question des conditions de possibilité de la compréhension du monde et ainsi de la constitution du sens du monde »[208]. On est en mesure de faire remarquer que la lecture heideggérienne de Kant est l'accomplissement de la philosophie transcendantale. Et si une telle transformation s'est voulue destructrice, c'est moins à l'égard de Kant qu'à l'encontre de la métaphysique traditionnelle que Kant tentait déjà de rectifier.

Rappelons brièvement les points sur lesquels insiste l'article de Karl-Otto comme balises pour la démarche de Heidegger. Il s'est agi pour le penseur de déconstruire la « structure préalable » de l'ouverture de l'être-chaque-fois-déjà-au-monde sur laquelle s'appuie la philosophie transcendantale. Dans le projet initial de reconstruction du monde, la relation sujet-objet obstruait la prééminence de l'étant qui est plutôt perçu en tant que « outil à-portée de-la-main » (*Vorhandenheit*) au lieu d'être disponible comme objet d'observation théorique (*Vorhanden)*. Dans une telle condition, même pour Kant, le monde n'est pas favorable pour l'être-au-monde des choses. Le *Dasein* n'y accomplirait pas son existence. Car le monde doit être, précise Heidegger, « ce en quoi la compréhension se réfère, comme l'horizon en direction duquel est rencontré l'étant, en sachant de quoi il en retourne avec lui »[209].

C'est dans une telle vision du concept de monde que Heidegger a su mettre en évidence sa « critique de la connaissance ». Surmontant la réflexion cartésienne et postcartésienne d'une « objectivité » de l'étant, qui a fini par s'imposer comme une « dépendance parasitaire » aux paradigmes de « l'idéalisme de la conscience » (Husserl) et du « solipsisme de la certitude » (Idéalisme allemand), selon les expressions de Karl-Otto Apel, l'herméneutique phénoménologique de Heidegger réplique au Criticisme toute volonté philosophique de vouloir prouver l'être-au-monde. L'évidence du monde réel se passe de toute preuve. La figure du *Dasein* en tant qu'être-chaque-fois-déjà-au-monde (*Je-schon-in-der-Welt-sein*), préserve du recours à un *a priori* « quasi transcendantal de la constitution du sens du monde » et comme tel, sert de fondement à toute connaissance (anthropologique ou philosophique).

C'est sur ce fond originaire du *Dasein* que s'énonce le deuxième paramètre, celui du « chaque fois déjà » qu'évoque Karl-Otto et qui bien évidemment se réfère à la temporalité existentiale (*Zeitlichkeit)* en vue de la constitution de sens. Que le *Dasein* soit préalablement présupposé par sa structure d'être-jeté (*Geworfenheit*), ne l'enferme pas dans une logique de dépendance qui en limiterait l'enjeu transcendantal.

Dans cette structure, précise Karl-Otto : « il est également "chaque fois déjà au-devant" de soi temporellement, de telle façon qu'il ne peut pas, en tant qu'il est précisément ce *Dasein,* aller temporellement au-devant de son être-jeté dans un monde situationnel historiquement conditionné ; il ne peut pas non plus aller tem-

---

[208] *Ibid.*, p. 377.

[209] Cf. *Sein und Zeit*, trad. MARTINEAU, E., traduction modifiée par APPEL, K.-O., *op. cit.*, p. 377.

porellement au-devant de la déchéance qui s'est chaque fois déjà produite dans ce monde »[210]. On en arrive une fois encore à l'évidence de la caractéristique insurmontable du *Dasein* fini et sa temporalité comme constitution de sens. Cette autocompréhension a pris le pas sur les théories de la connaissance pour s'affirmer comme une « précompréhension » du monde duquel le *Dasein* ne peut jamais se soustraire : « C'est en lui, à partir de lui et contre lui que s'accomplissent tout comprendre, toute explication et toute communication… »[211]

L'impact sur la philosophie transcendantale, comme nous cherchons à le signifier, se situe dans cet effort de radicaliser l'ontologie fondamentale comme réalisation de la philosophie transcendantale. Cette nouvelle ontologie, fondamentale, questionne plutôt le « sens d'être » et n'en suppose la réponse que dans « la compréhension de l'être » ontiquement conditionné du *Dasein* humain. Ce qui engendre un problème transcendantal, celui de la compréhension de l'être par le *Dasein* assujetti dans son monde, voire dans sa temporalité. Le transcendantal signifierait non pas que l'être ne soit point accessible à l'étant mais qu'il est déjà pour chaque étant « le transcendantal ».

Kant et le problème de la métaphysique (1929) n'est que la mise en application de cette transformation de la philosophie transcendantale au sens de l'ontologie fondamentale. La difficulté majeure que rencontre l'entreprise et que nous cherchons à surmonter pour en montrer l'originalité, se situe dans cette liaison forcée « d'une raison pure » (philosophie transcendantale) comprise comme phénoménologie fondamentale où le *Dasein* humain est imposé malgré sa temporalité et son historicité comme le critère de compréhension de l'être. Si l'interprétation phénoménologique de la *Critique* en 1926/27 respectait encore la structure de « la raison finie », comme racine commune de la « synthèse transcendantale » et de « l'imagination » en vue de la compréhension de l'être, l'œuvre de 1929 ne vise plus à comprendre Kant par lui-même mais à le dépasser. Comme le précise Karl-Otto, précision à laquelle nous adhérons sans réserve : « Pour Heidegger l'imagination transcendantale, à titre de faculté de la "synthèse pure", est la faculté du projet formateur (*bildender Entwurf*) dans lequel doit se former, pour la raison finie de l'humain, l'horizon de toute compréhension de l'être avant toute affection possible par l'étant »[212].

Dès lors, aucune connaissance qu'elle soit du soi ou de la possibilité du soi à faire advenir un monde autre que sien, ne peut se poser en dehors de cet horizon fermé qu'est la finitude. Seul le *Dasein,* parce que constamment ouvert sur l'infini, réalise cette finitude ontologique parce qu'il est fini. Comment déterminer des possibilités d'être dans un monde fini alors qu'on se sait soi-même fini ? En quoi le « se » savoir fini est-il connaissance de l'être ? Qu'en-t-il de la vérité de cet être ? Comment le *Dasein* s'y fonde-t-il comme liberté d'être ?

---

[210] APPEL, K.-O., « *Constitution du sens et justification de la validité. Heidegger a-t-il dépassé la philosophie transcendantale par sa conception de "l'histoire de l'être"* ? » *op. cit.*, p. 379.

[211] SUZ § 35.

[212] APPEL, K.-O., *op. cit.*, p. 383. Voir aussi les cours de Kant sur la métaphysique et qui ont servi d'arguments à Heidegger.

Section VII-2- *Fundamentalontologie* comme transcendance finie

Si la métaphysique a été l'expression de l'oubli depuis Platon, comment la *Fundamentalontologie* (ontologie fondamentale) se veut-elle un remplacement radical de toutes les ontologies sous la figure originaire de la métaphysique du *Dasein* ? Dit autrement, comment l'homme, seul étant à poser cette cruciale question de l'être, est-il un *Da-Sein*, un « être-là » ? Nous avons supposé au regard de la finitude originaire analysée sous le mode non plus de raison finie mais de la « Raison sensible pure » que la finitude ontologique est l'*a priori* transcendantal.

Cette analytique de la finitude que nous avons déterminée grâce au schématisme kantien, se prolonge dans d'autres œuvres telles *Was ist Metaphysik* de 1929 et *Vom Wesen der Wahrheit* de 1930. Cette dernière en particulier offre une large audience à la question de l'essence de la liberté humaine. L'enjeu entre la finitude et la liberté est de « reconduire la liberté transcendantale et la liberté pratique kantiennes à leur fondement ontologique authentique : la liberté du *Dasein* conçue comme condition de possibilité et de manifestété de l'être de l'étant, de la compréhension de l'être »[213] : « Parmi tous les étants, seul l'homme a la dignité d'être eksistant. L'homme seul a le privilège d'être pour ainsi dire appelé, interpellé par l'être… C'est là son éminence et sa dignité »[214].

La reconnaissance de cette éminente dignité de l'être ne s'affirme qu'à la mesure de la vérité d'être qu'est la liberté. Tout le rapport liberté et vérité caractérisent l'existentialité du *Dasein* ; ce qui permet de voir leur caractère pratique de *Wahrsein* et *Freisein* comme descriptifs synonymiques du *Dasein.* Le « *Da* » de l'être « *sein* » qui est l'existence humaine est appelé à s'authentifier dans l'être (*Sein)* vrai (*Wahr*) de sa liberté d'être (*Freisein).* Être vrai pour le *Dasein* c'est demeurer dans la vérité de son être qui n'est rien d'autre que sa liberté. Thierry Gontier dans *Finitude du Dasein, finité humaniste* affirme que : « L'humanisme est la pensée pour laquelle l'essence de l'homme est prise comme essentielle », il faudra alors dire que « l'essence de l'homme est essentielle pour la vérité de l'Être, et l'est au point que désormais ce n'est plus précisément l'homme pris uniquement comme tel qui importe… Penser l'homme dans sa véritable hauteur signifie le penser plus haut que l'homme lui-même, le penser au service de la vérité de l'Être »[215].

Cette hauteur plus élevée de l'homme se situe hors du *ratio*, de l'*animale rationale* et s'aperçoit dans sa « *jeteté* » en tant qu'il est jeté par l'Être et doit se tenir à l'écoute de celui-ci en même temps qu'il doit *ek-sister* en sa vérité, celle de l'Être. Michel Haar entre autres, souligne que la désignation de l'humain comme animal

---

[213] Cf. RODRIGO, P., « Heidegger lecteur d'Aristote », dans *Les Études philosophiques*, PUF, juillet-septembre 1990, p. 357.

[214] BEAUFRET, J., *De l'existentialisme à Heidegger*, Paris, Vrin, 1986, p. 93.

[215] GONTIER, T., « Finitude du *Dasein*, Finité humaniste » dans *Heidegger et la question de l'humanisme, Faits, concepts, débats* (Bruno Pinchard, dir.), Paris, PUF, 2005, p. 14.

rationnel « n'est qu'un cas particulier de la métaphysique du *sub-jectum*, par laquelle l'homme projette sa propre image objectivée sur la scène de la représentation, c'est-à-dire devant lui-même comme étant central et auto-fondateur »[216]. L'ontologie fondamentale pour sa part, tient l'être humain comme une transcendance. C'est la transcendance finie, figure du *Dasein.*

La transcendance du *Dasein,* qui maintient son ipséité loin de toute métaphysique de la subjectivité, ouvre à la liberté comme capacité de rendre « la vérité à l'être ». En effet, précise Emmanuel Housset : « Si l'on veut libérer la personne de toute réduction au sens d'être de la *Vorhandenheit,* si l'on veut mettre en évidence son authentique humanité, on ne peut pas faire l'économie »[217] de l'ontologie fondamentale. La précision capitale qu'apporte Housset dans la reconstruction de l'humanité à la mesure de l'être « est de nous aider à suivre la différence ontologique qui nous constitue, de façon à devenir attentif au devenir de l'être en souffrance de sa vérité »[218]. On ne peut donc objecter la part d'obscurité du « je » dans un souci de constitution de soi.

Cette prise en compte radicale de la finitude, est « indispensable pour se libérer de toutes les identités mondaines dans lesquelles je sais trop bien ce que je suis, et qui conduisent à me dissoudre dans ce qui ne m'appartient pas en propre »[219]. Dans cette nouveauté apportée au concept de « Transcendance », s'entrevoit la source même de toute intentionnalité, ce à partir de quoi « l'homme est cet être qui peut aller au-delà de lui-même »[220]. C'est ce qui va permettre de renouveler la compréhension de la vérité et de la liberté. Car, toute cessation de la transcendance de la saisie de l'être comme transcendance est une mise en péril de l'ipséité du *Dasein* qui subit un « anonymat radical »[221] parce qu'incapable de comprendre l'être. La connaissance de l'être fait cesser la vérité et la liberté comme des causalités pour les fonder comme des déterminations du *Dasein.*

Le concept de liberté qui ne connaît pas une élaboration systématique dans le corpus heideggérien détermine pourtant l'essence du *Dasein.* Il apparaît dans les §§ 40-41 de *Sein und Zeit* et le § III de *Vom Wesen des Grundes.* Dans ce dernier précisément Heidegger dit que : « Ce problème, loin d'être résolu, n'est même pas posé parce que nous avons encore à conquérir le terrain qui permet sa position »[222]. Dans chacun des deux textes évoqués, la liberté est énoncée comme la « transcendance finie du *Dasein* » et détermine le mode d'être même du *Dasein.* Ce qui demande de la concevoir non plus dans son aspect métaphysique mais comme le schème philosophique du *Dasein* nécessitant une analyse phénoménologique.

---

216 HAAR, M., *Heidegger et l'essence de l'homme, op. cit.*, p. 122-123.

217 HOUSSET, E., *La vocation de la personne. L'histoire du concept de personne de sa naissance augustinienne à la redécouverte phénoménologique,* Paris, PUF, 2007, p. 378.

218 *Ibid.*, p. 379.

219 *Idem.*

220 *Ibid.*, p. 380.

221 *Ibid.*, p. 383.

222 *Von Wesen des Grundes,* cité par RIVELAYGUE, J., *op. cit.*, p. 400.

Celle-ci doit montrer que la vérité est plus une caractéristique du *Dasein, wahr-sein,* (être vrai) qui s'explicite comme « *equatio* » entre ce qui est à penser et le sujet pensant[223].

7-2-1- Dasein ou Wahr-sein

Dans la mesure où nous avons déjà montré que l'imagination transcendantale est fondatrice, la vérité (*aletheia*) de l'Être est cette finitude positive qui n'a rien d'un manque. On peut même l'apercevoir à travers la figure d'authenticité et d'inauthenticité du *Dasein* dans *Sein und Zeit.* La possibilité d'être ou de ne pas être, l'ouverture (*Erschlossenheit)* ou la fermeture à l'Être atteste de toute absence de fondement absolu rendant ainsi manifeste sa finitude. Le langage métaphysique de *Sein und Zeit* avait pour projet une ontologie fondamentale, une analytique qui devait finir en traité d'ontologie : *Temps et Être.*

On sait que ce traité n'a pas abouti. Interpréter négativement ce manque, c'est méconnaître la portée de la « différence ontologique » dans la philosophie de Heidegger qui atteste que l'Être n'est pas l'étant. Ce « ne pas » s'inscrit dans le dévoilement de l'Être lui-même et permet de le concevoir non plus comme une négativité mais comme constitutif de sa présence. Plus précisément, « cette négativité souligne Jacques Rivelaygue, va être pensée comme le "ne pas" de la différence ontologique et par suite comme constitutive de la manifestation de l'Être »[224]. Ce qui permet d'entrevoir la finitude dans sa fonction productrice et fondatrice telle qu'envisagée dans l'imagination transcendantale, qui l'oppose à toute finitude empirique afin d'atteindre l'essence de la vérité loin de toute approche métaphysique.

Cette essence, pour être appréhendée ontologiquement, doit se démarquer de son interprétation *d'adequatio rei,* correspondance pour être l'identité (*equatio*) entre l'intuition et la réalité. La note du GA 21 selon laquelle la « vérité est mêmeté (identité) du visé et de l'intuitionné »[225] ouvre la critique et cible les acteurs du débat comme on peut l'imaginer – la tradition avec Platon et Aristote et les modernes avec Rickert, Husserl. Nous considérons plutôt sa remontée à l'histoire de la métaphysique où l'étant est pensé dans la vérité de son être alors que l'être lui-même n'est pas reconnu dans sa vérité.

La restitution de la thèse traditionnelle de la vérité se fonde dans un premier temps sur la lecture d'Aristote notamment le livre IX de la *Métaphysique* et le livre VI de *l'Éthique à Nicomaque.* Relevant le concept de *Logos,* le philosophe en

---

223 Le refus de toute objectivité de la vérité ne rejette pas la positivité de la vérité mais l'origine dans la possibilité d'être du *Dasein.* Dans ce prolongement du projet de dépassement du schématisme kantien, la question de la liberté est posée en termes de « possibilité de la liberté comme liberté transcendantale puis de son effectivité comme liberté pratique ».

224 *Ibid.* p. 402.

225 Cf. HEIDEGGER, M., *Logique, la question de la vérité* (1925-6). GA 21.

vient à questionner le rapport originaire de l'étant au *Dasein*. Le fondement de ce rapport montre que l'étant est ontologiquement constitutif d'un donné, le *Dasein* en lui qui dans son mode d'être est dévoilement de la vérité. Celle-ci y prend sens comme *aletheia*. Mais ce qui devient plus évident dans cette attitude, ce n'est guère le caractère découvrant du *Dasein* mais son être-libre (*Freisein*) : il est ontologiquement l'être-libre (GA 31-9). La thèse de la vie humaine comme découvrant c'est-à-dire comme « être-dans-la-vérité » se précise dans un retour définitif à la doctrine platonicienne de la vérité où la vérité de l'homme est comprise à partir de l'allégorie de la caverne[226].

Ce n'est plus la notion platonicienne d'Idée qui captive l'intuition mais plutôt le fait que l'Idée ne se subordonne plus au dévoilement ; elle vise à faire apparaître le dévoilé. Il y a là un dépassement de l'étant comme cheminement vers son être. Le rôle assigné dès lors à la théorie platonicienne des idées devient celui d'une métaphysique soucieuse de l'humanisme où l'humain se retrouve dans sa structure métaphysique originelle afin de pouvoir accéder à ses possibilités ontologiques pour « s'y affirmer comme certitude ». À partir des différentes formes que veut prendre cette libération et cet affermissement, il est question de l'humain « c'est de lui qu'il s'agit en premier lieu, et tout ce qui est rapporté à lui »[227].

Mais c'est à la notion grecque de vérité que Heidegger souscrit sans toutefois négliger l'*adaequatio*. Avant que se réalise l'adéquation entre l'énoncé et l'étant, il

---

[226] L'enjeu de l'allégorie de la caverne en effet, selon Otto Pöggeler, traite de l'éducation. L'éducation étant ici perçue comme la condition d'accès à la libération de la liberté de l'homme, le mythe de la caverne montre comment l'homme franchit les différentes étapes de son séjour terrestre pour parvenir à cette zone de lumière qu'est la vérité de sa liberté. Chacune des étapes soumises à une possibilité de vie et de mort comme eut à l'expérimenter Socrate maître de Platon, laisse apparaître une figure distinguée de l'étant qui reste dévoilement de l'étant même : « L'étant se manifeste aux divers degrés de son dévoilement ; or c'est le dévoilé qui est vrai ». Il est donc du ressort de l'éducation de libérer l'homme pour le tourner vers ce vrai qu'est le dévoilé. C'est pourquoi l'essence de la vérité n'est atteinte qu'au terme de ce processus qui se révèle être l'essence de l'éducation par le fait qu'il conduit l'étant hors des chaines de la caverne sur les chemins de l'existence vers l'horizon libre de la vérité. Libération en vue de la liberté, l'éducation conduit vers l'Idée « qui, comme aspect, libère la perspective sur ce qui est présent et fait ainsi se déployer dans son essence ce présent (l'étant en tant qu'il apparaît) dans sa permanence, dans sa consistance perceptible et en ce sens dans son "être" ». Otto Pöggeler, *La pensée de Heidegger. Un cheminement vers l'être*, trad. Fr. Marianna Simon, Paris, Aubier-Montaigne, 1967, p. 139.

[227] *Ibid.*, p. 141. Le compte rendu de l'ouvrage de Pöggeler donné par Jonckheere Joëlle. *Otto Pöggeler, La pensée de Heidegger. Un cheminement vers l'être*. Trad. de l'allemand par Marianna Simon. Dans Revue Philosophique de Louvain. Troisième série, tome 66, n° 89, 1968. p. 131-132, dit : « La question de l'être surgit en tant qu'impensé d'une métaphysique issue de Platon, accomplie et assassinée par Nietzsche : la référence de la vérité à l'idée obture le trou d'ombre qui voisine avec la lumière du dévoilement ; l'homme s'érige en maître de la terre et devient celui dont l'essence est volonté en tant que puissance, celui qui décide en sa qualité de surhomme de l'histoire de la vérité. C'est vers l'impensé, vers une réparation de l'oubli dont la métaphysique occidentale raconte l'histoire que se dirige Heidegger dans un dépassement de l'univers philosophique en cause ».

faut que celui-ci soit manifeste. L'*aletheia* grecque (*Unverborgenheit* : non-Retrait) fait de l'étant lui-même sa propre possibilité de manifestation, de liberté et de libération. Ce sens originaire de la vérité traduit le lien intrinsèque entre « vérité et liberté » au point que « l'essence de la vérité est la liberté ». Heidegger va même au-delà de cette libération de l'homme par l'étant déjà énoncé dans le § 44 de *Sein und Zeit* pour signifier que la possibilité pour l'homme de pouvoir libérer l'étant à lui-même, révèle simplement que l'homme va au-delà de l'étant. Son ouverture à l'être est aussi une ouverture historique, qui va de l'étant à l'être, comme l'ont attesté les Grecs en fondant l'histoire de la vérité de l'être, qui se donne dans l'histoire mais chaque fois en se retirant.

On atteint ainsi l'essence de la vérité comme non-vérité. Ce qui signifie qu'il n'y a pas dévoilement sans au préalable le voilement de l'être lui-même. On en retient que c'est le *Dasein* qui tient à l'être autant que l'être tient à lui. Il en est de la décision philosophique comme du dépassement de tout « transcendantalisme » dans la mesure où c'est l'homme qui ouvre l'être à son être et non l'inverse. *Vom Wesen der Wahrheit* en reprenant la définition classique de la vérité en tant *qu'adequatio rei* (adéquation entre l'objet et la parole) questionne à nouveau l'exactitude de l'accord entre la chose et son énoncé. En réaffirmant cette exactitude d'un accord comme critère de vérité, Heidegger va plus loin dans son analyse en saisissant la liberté comme libération afin de mieux appréhender le « laisser-être de l'étant ». La vérité comme dévoilement fonde la liberté et en fait sa possibilité interne en tant que rectitude d'un accord. Dans son analyse du texte, Otto Pöggeler montre que :

La vérité ne s'ouvre comme dévoilement qu'en se retenant comme voilement. L'in-essentialité de la vérité, le voilement qui appartient au centre et à l'origine de l'essence du dévoilement, c'est le « mystère *(Geheimnis*) »... Le mystère n'est pas une énigme qui se laisse un jour résoudre ; ce n'est pas non plus l'absolument clos, qui ne nous concerne pas du tout... C'est le voilement, sur la base duquel seulement existe le dévoilement de l'étant en totalité et en tant que tel[228].

C'est pourquoi il est de l'essence du voilement d'être dissimulé. L'homme se doit d'exister et de demeurer comme étant dans la vérité en tant que dévoilement toujours ouvert. Le vrai s'oppose au non-vrai « c'est-à-dire ce qui n'est pas réellement ce qu'il paraît être » pour ne supposer de vérité que ce qui s'accorde avec ce qui est énoncé. Ce qui rend concordant cette proposition à la réalité n'est pas la vérité ou la non-vérité mais l'essence. L'essence comme possibilité inhérente de la concordance scelle aussi la possibilité de son fondement. Comment se pose la con-

---

[228] « Dans son chapitre septième, Pöggeler présente le "comment" de ce saut en rappelant l'étude faite par Heidegger des notions d'identité, de différence et de raison. Il passe ensuite à l'étude de l'arrachement opéré par l'auteur de *Sein und Zeit* à tout présupposé métaphysique dans une percée vers la vérité réelle, à la phénoménologie - non libre pour questionner sur la vérité de l'être, prisonnière de la réduction transcendantale, ultime subjectivisme installant l'*ego* à la racine de l'éclairement –, à un éventuel primat de l'existence dont la description a pour seul but de transporter la pensée de nos contemporains d'un connu aux frontières de l'obscur non encore pensé ». Otto Pöggeler, *La pensée de Heidegger, op. cit.*, p. 134.

cordance et quel en est le fondement ? Tout énoncé vise ce dont il est question. La concordance entre la réalité et l'énoncé pour s'imposer, suppose que l'énoncé doit obéir à la chose énoncée. Autrement dit, sous le coup de la loi du « comme si », l'énoncé manifeste la réalité. Heidegger parle plutôt de « tout comportement » parlant du mode de l'énoncé, pour justifier que l'énoncé ne relève pas de la « spéculation théorique sur un objet ». L'étant est rendu manifeste par un « comportement » qui en constitue le « tout ».

Françoise Jaran, poussant l'analyse plus loin, dit exactement que « s'il est de la nature de l'énoncé d'être conforme à son objet et de rendre celui-ci manifeste, c'est essentiellement parce qu'il est un comportement »[229]. Il n'y a de vérité qu'à partir de l'énoncé qui fait accorder aux comportements humains la charge d'élaboration de cette vérité contrairement à la pensée que l'humain devrait se déterminer à la mesure de la vérité. Quel serait le lieu de la mesure de ce fondement ? Comment l'homme peut-il réaliser son propre critère de détermination ? Tant que la lumière n'est pas faite sur l'ouverture du *Dasein* et ce qui contraint le comportement humain, on parviendrait difficilement à l'essence de la concordance entre l'énoncé et la chose. Pour surmonter ce risque d'obscurité sur l'essence, il faut se tourner vers ce qui reste déjà un acquis, à savoir, le fondement de la concordance. Puisque le comportement autorise une contrainte c'est donc qu'il est libre. Le *Dasein* reste alors la provenance de la vérité.

7-2-2- La liberté au fondement du *Dasein* vrai

La vérité, nous venons de le déterminer, doit se rapporter au *Dasein* en tant que caractéristique foncière. Ce qui nous permet de l'accorder avec la liberté comme « fondement sans fond » : « La liberté est fondement sans fond, elle est le fondement de toute interrogation et n'a pas à être fondée »[230]. Or, la vérité, nous l'avons justifié, est un dévoilement c'est-à-dire fond sans fondement : « la non-vérité essentielle, c'est-à-dire la non-essence véritable de la vérité »[231]. Ainsi, la manifestation de l'Être déploie une structure de la finitude à travers le fait qu'aucun fondement absolu n'est supposé comme étant absolu pour justifier de la raison d'être de l'Être. C'est l'expression de la liberté d'être du *Dasein*. La liberté est la raison d'être du *Dasein*. Comment la déterminer dans une approche qui tient l'être humain comme expérience et possibilité ?

Supposer la liberté à la fois comme possibilité et effectivité c'est vouloir justifier que la liberté ne relève plus d'une causalité. Heidegger souligne que Kant en s'y aventurant, l'a privée de son schème voire de son rapport au temps et en a fait un suprasensible. Pour suppléer à ce manque de « détermination ontologique », il faut

229 JARAN, F., *Heidegger et la question anthropologique*, thèse publiée sous *La métaphysique du Dasein* (1927-1930). *Heidegger et la possibilité de la métaphysique*, Bucarest, Zeta Books, 2010, p. 132-133.

230 RIVELAYGUE, J., *Leçons de métaphysiques allemandes*, *op. cit.*, p. 400.

231 JARAN, F., *Heidegger, Inédit* (1929-1930), Paris, Vrin, 2012, p. 140.

absolument rapprocher la liberté de l'être de l'homme « d'une détermination adéquate et suffisante de la temporalité de l'existence »[232]. La compréhension originaire de la temporalité de la liberté fait appel à un schème spécifique. En reconnaissant chez Kant deux voies de la liberté, la liberté transcendantale, celle relative au monde, et la voie de l'effectivité pratique de la liberté, relative à l'expérience, on peut identifier les deux schèmes évoqués, celui du monde et celui de l'expérience en vue du positionnement du *Dasein* au cœur du monde auquel il est configuré.

La liberté est présence au monde en même temps qu'elle en est l'expérience même. L'enjeu est celui de l'expérience comme liberté en ce sens qu'elle met en avant « le devenir pratique de la raison-pure ». La liberté ne se donne pas à expérimenter, elle se donne comme l'expérience même. La liberté qui est sa propre expérience ne saurait avoir une possibilité de détermination autre qu'elle-même. Elle est son propre schème et comme tel, elle ne peut être pensée à partir d'une causalité mais c'est cette dernière qui est à penser en fonction de la liberté. Ceci implique la thèse de l'autolégitimation du vouloir. L'essence de la volonté est inhérente à l'être humain qui en est dépendant. Ce n'est qu'en devenant essentiel que j'appréhende l'essence de la liberté sans quoi celle-ci me demeure fermée. On va alors assister à une phénoménologie de la liberté ou la phénoménalité de celle-ci se fixe comme son propre schème.

Dans l'introduction à la deuxième *Critique*, Kant énonce que « le concept de liberté constitue le fondement du système d'une raison spéculative pure ». Mais Kant, en supposant la liberté au principe, demeure dans la conception dualiste des modernes. Pour Heidegger dont la pensée doit lancer l'homme à la conquête de ce qu'il a perdu à savoir l'être auquel il est *destinalement* lié, la liberté apparaît comme une conquête. La vérité du *Dasein* tenue comme ouverture vers l'être dans son mouvement temporisant, rend manifeste sa possibilité « d'être libre-pour la liberté de (se) choisir et (se) saisir soi-même ». Il est question d'une liberté pour le monde dans lequel le *Dasein* peut se positionner. La liberté comme causalité est surpassée pour être supposée comme le précise « l'exploration de l'infinité temporalité du soi ». C'est ce qui fait dire à Günter Figal dans sa *Phänomenologie der Freiheit* que « la pensée de Heidegger demeure jusqu'à la fin une pensée de la liberté tout comme elle est une pensée du temps »[233]. L'étant n'advient que dans son laisser-être qui le rend contraignant. Une contrainte qui ne diminue en rien l'élan de l'étant encore moins son ascension mais reste l'unique possibilité pour qu'il atteigne ce qu'il est. C'est-à-dire pour le porter à la lumière de son être d'où s'énonce sa liberté en tant que « l'être-exposé » (*Augesetztheit*) de l'homme face à l'étant qui n'est rien d'autre que son *Ek-sistenz* (Existence).

C'est dans le cours sur *Schelling* que nous voyons élaborer cette coappartenance de la liberté dans son essence avec la liberté dans son approche humaine. Cette recherche qui porte sur l'essence de la liberté humaine analyse l'essence de

---

232 ATGER, P.-E., *L'origine de l'ontologie figurale de Heidegger*, *op. cit.*, p. 42.

233 FIGAL, G., *Martin Heidegger, Phänomenologie der Freiheit*, Weinheim, Beltz Athenäum Verlag, 1988, p. 257.

l'être humain en « direction de ce qui est plus essentiel et plus puissant que lui »[234]. Dans cette œuvre s'énonce une véritable méditation sur l'être-humain axée sur le fondement sans fondement qui fait advenir l'humain à lui-même c'est-à-dire à son être originaire. On y perçoit la liberté finie comme fond sans fond qui fonde même la dynamique de l'ontothéologie. L'étant homme y retrouve sa centralité qui en fait non pas un absolu mais un dé-centré par la liberté en lui[235]. Mais Jean-François Courtine montre que l'anthropocentrisme énoncé dans les *Recherches sur l'essence de la liberté humaine* constitue l'échec de la position égologique de la métaphysique de la subjectivité schellingienne dans sa limite à atteindre radicalement une « liberté humaine comme fond sans fond » (*Abgründiger Grund*).

C'est pourquoi, malgré la magie de l'existence humaine qu'il faut observer à travers le pur pouvoir de possibilité dont l'humain est capable dans son essence, Schelling, qui a élaboré le schématisme le plus réaliste de la liberté, est accusé de s'être limité à la question « Qu'est-ce que l'homme ? ». Schelling a fait dépendre la liberté de *l'ens creatum*, que la pensée de l'être a visiblement récusé. La liberté est donc ce qui situe le *Dasein* en même temps qu'elle constitue son *logos*. Elle est le fondement du *Freisein du Dasein*, son laisser-être, son *Sein-lassen* par lequel il accomplit son dépassement à l'égard de tout étant. C'est l'une des tâches de l'essence de la liberté humaine (GA 31).

Par ailleurs, Alexander Schnell trouve dans la voix de la conscience évoquée dans *Sein und Zeit*, le mode de réalisation de cette essence humaine vue comme liberté. La conscience est le pouvoir-être authentique du *Dasein*, au-delà de toute approche traditionnelle et théologique de la conscience. Cependant, le chemin de cette liberté doit se concrétiser dans le mode du *Dasein* qui doit chercher à se démarquer de la dictature du « on » et de l'anonymat. L'angoisse par laquelle le *Dasein* se dresse à la mesure du néant s'affirme à nouveau comme la disposition par laquelle le *Dasein* se débarrasse de toutes contraintes pour accéder à son « soi », lieu de son « existence libre ». Cette base ontologique se situe dans sa finitude, pôle de possibilités les plus vraies de l'être pour la mort[236]. Dès lors, Heidegger précise que la liberté ne peut plus servir de moyen à l'élaboration de la question directrice de la métaphysique mais c'est plutôt cette question directrice qui doit se fonder sur la question de l'essence de la liberté. L'homme est le *Verwalter* (gardien) de la liberté et il n'est pensable qu'en tant que possibilité de liberté, laquelle est son propre schème.

C'est *Vom Wesen des Grundes* de 1929 qui fait apparaître la liberté comme ouverture de soi[237], « l'ouverture émancipée de la pensée dont elle est elle-même pensée » (*...die sich dem Denken entziehende Offenheit des Denkens selbst)*. Ainsi est énoncée une liberté transcendantale, qui reste le fondement à toutes les manifestations de l'être. Hans Ruin, dans son article « Le sort de la liberté chez Heidegger »,

---

234 COURTINE, J.-F., *Schelling, op. cit.*, p. 11.

235 *Ibid*, p. 67.

236 Cf. FRANCE-LANORD, H., Liberté, *Dictionnaire Heidegger, op. cit.*, p. 767.

237 FIGAL, G., *Martin Heidegger, Phänomenologie der Freiheit, op. cit.*, p. 364.

confirme cette compréhension de la liberté comme transcendance dans une pensée de l'être qui affirme que : « La liberté abyssale en tant qu'ouverture transcendante vers le monde ne se rapproche d'aucun principe philosophique au sens conventionnel. Elle est une chose vécue et expérimentée et qui en même temps se retire de toute saisie conceptuelle, dans la mesure où elle est simultanément une tentative d'indiquer la réalisation même de l'expérience et une tâche spéculative »[238].

En s'inscrivant dans cette conceptualité de la liberté, on comprend avec Hadrien France-Lanord que « c'est à chaque fois à moi qu'il revient d'être ou de ne pas être ce que j'ai à être »[239]. Cette décision qui détermine la possibilité de choisir caractérisant l'être humain, est ce qui l'ouvre à son être en lui donnant droit de se réaliser comme être-libre : « Le *Dasein* est un être possible remis à lui-même, une possibilité de part en part jetée. Le *Dasein* est la possibilité de l'être-libre pour le pouvoir-être le plus propre »[240]. La liberté du *Dasein* s'assume à partir du caractère propre d'être-jeté du *Dasein* contre toute subjectivité et pour se décider comme la vérité de l'être. La liberté comme abîme n'est donc pas abyssale mais ouvre l'étant à sa totalité, aux possibilités toujours possibles de ses limites non limitées. On parle du *pathos* de la liberté qui en dévoile le caractère sublime et qui fait dire, avec Kant, qu'il s'agit là bien d'un « risque nécessaire ». Ce *pathos* de la liberté en effet, est bien présent chez Kant. Dans la *Critique de la Faculté de Juger*, il l'énonce à travers l'analytique du sublime qui révèle le déploiement inassouvi de la liberté humaine comme *pathos.*

Dans la lecture qu'il en fait au chapitre troisième de son ouvrage *Kant et la question de l'affectivité, Lecture de la troisième critique*[241] Jérôme de Gramont présente le sublime et le beau comme deux modes de révélation de la liberté. Malgré la violence qu'il inflige à l'âme, le sublime est donateur d'une certaine liberté qui permet à l'âme de contempler sa quiétude intérieure : « L'esprit joue dans le beau, insouciant, mais la liberté dont il jouit ainsi se rappelle à lui dans la souffrance du sublime »[242]. De Gramont cherche à montrer, à la suite de Kant, que la liberté n'atteint son authenticité qu'à partir de la saisie dynamique du sublime comme consommation du *pathos* de la vie. C'est en surmontant les obstacles indépendamment d'elle que la vie s'éprouve. Cette possibilité de triompher de ce qui est hors de soi, malgré la fragilité qui est soi, est manifestation « du sublime-dynamique » dont « le *pathos* n'est rien d'autre que le sublime entendu de manière originaire au mouvement même de l'esprit qui les soulève et le rend possible »[243].

---

[238] RUIN, H., « Le sort de la liberté chez Heidegger », *Klesis – Revue philosophique : Mélanges phénoménologiques*, avril 2008.

[239] FRANCE-LANORD, H., Liberté, *Dictionnaire Heidegger*, p. 767-772.

[240] *Idem.*

[241] GRAMONT, J. (de), *Kant et la question de l'affectivité, Lecture de la troisième critique*, Paris, Vrin, 1996.

[242] *Ibid.*, p. 206.

[243] *Ibid.*, p. 210.

L'esprit sort d'une épreuve de la vie parce qu'arraché à la mort et à la peur, il atteint sa liberté. De Gramont fait alors constater que ce *pathos* de la liberté se justifie dans « cette révélation à soi-même d'une puissance capable de se dresser face à la Nature »[244]. Le sublime dévoile la liberté en la faisant passer de la simple causalité liée à la nature pour l'ouvrir à sa vérité « pour » et « sur » l'humanité. Cette authentique expérience de la liberté qu'est le sublime, le sentiment même de la liberté selon Kant, permet de saisir la contingence de la nature humaine comme possibilité d'accès à soi-même. Ainsi se confirme notre intérêt pour cette analyse de Jérôme de Gramont pour qui effectivement, la liberté humaine reste insondable. La liberté, ce propre de l'homme fragile et fragilisé, qui ne se manifeste pas outre mesure s'éprouve à travers le sublime dans une représentation qui demeure toutefois négative mais le confirme totalement :

> Il n'est de liberté qu'insondable, et aucune présentation de la liberté ne saurait la révéler qui prétendrait l'arracher à ce caractère irréductible. [...] Insondable, la liberté est ce dont nous ne pouvons jamais avoir l'intuition [...] Idée invisible, à la manière de cette lumière dont nous savons bien qu'elle excède toute sensibilité de nos yeux, et qui pourtant les rend capables de capter toute chose visible ; inapparente, à la manière de ce qui ne cesse de se montrer dans la manière d'être de l'homme, dans l'histoire de ses faits et gestes, et pourtant jamais ne se réduit à telles traces. La liberté n'est jamais insondable que lorsque nous semblons en faire l'expérience, et d'abord parce qu'il lui appartient de tirer de cette dimension d'énigme ce pouvoir de surgir, celui d'un commencement absolu, et à ce titre absolument incompréhensible. Aussi n'est-il de présentation de la liberté que fidèle à cette dimension de retrait, présentation de ce qui reste invisible ou inapparent : le sublime.[245]

Cette sublimité de la liberté en tant que fondement sans fond est rendue possible dans l'expérience du sublime. Ce qui permet de préciser qu'il s'agit de « l'évènement pour lequel nous n'avons pas encore de nom ou de concept : la liberté ne peut se dire ou se concevoir mais elle se présente bel et bien pourtant dans cette expérience du sublime où l'âme s'élève jusqu'à soi, parce que s'arrache au Rien »[246].

---

[244] GRAMONT, J. (de), *Kant et la question de l'affectivité, op. cit.*, p. 211.

[245] *Ibid.*, p. 214.

[246] GRAMONT, J. (de), *Kant et la question de l'affectivité, op. cit.*, p. 215.

CHAPITRE VIII

Le problème de l'institutionnalisation du Dasein

Les représentations politico-théologiques sont ici questionnées dans leur prétention à rendre compte du tout du *Dasein*. Le totalitarisme auquel ils ont conduit l'histoire de l'humanité n'a pas permis à Heidegger de trouver en ces figures de représentations des formes accomplies de l'être-là. Dès lors, la question demeure : « est-il sensé et légitime de penser que l'homme, parce que le fondement même de sa finitude lui rend nécessaire une ontologie, c'est-à-dire une compréhension de l'être, est "créateur", et donc "infini", alors que rien ne répugne aussi radicalement à l'ontologie que l'idée d'un être infini ? »[247]

L'ontologie fondamentale ne concède aucune possibilité à l'idée d'infini parce que le monde vers lequel transcende le *Dasein* n'est pas un monde objectivé. C'est le monde-en-vue de soi. Il ne se projette pas vers une réalité autre que lui-même mais il surgit vers le « rien » et s'y réalise comme le « tout ». Il ne s'agit cependant pas d'un « rien du tout mais du tout de rien », (Jean Greisch). On en voit la portée avec Alexander Schnell analysant le phénomène du monde dans son *De l'existence ouverte au monde fini*[248].

Dans ce chapitre nous voulons montrer la possibilité pour le *Dasein* d'aller au-delà de ses représentations malgré leurs contributions à la mise en œuvre de son être-là tout en situant l'enjeu du politico-théologique dans une phénoménologie ontologique. En effet, qu'elles soient sociales, religieuses ou politiques, aucune institution, parce que source d'intuition, ne peut se poser en intuition infinie. Contrairement à ce que pensent certains critiques qui dénoncent comme négatif l'horizon clos et fermé du *Dasein,* ce dernier, parce qu'il est possibilité d'être, déborde toutes intuitions. Ne se laissant enfermer dans aucune catégorie et n'ayant de ressource que sa finitude, reste évidente une transphénoménalité. Ce qui justifie que le *Dasein* est ouverture à sa propre limite. Il franchit toute limite qui ne rend pas possible sa raison d'être. Comment cela se manifeste-t-il dans le cadre de la connaissance de soi ?

---

[247] KPM, p. 301.

[248] SCHNELL, A., *De l'existence ouverte au monde fini, Heidegger 1925-1930,* Paris, Vrin, 2005, p. 229-240.

Section VIII-1- L'être libre représenté

Dans le § 25 de la *Critique de la faculté de juger*, Kant dit que « rien de tout ce qui peut être objet des sens, ne peut, considéré en ce sens, être dit sublime ». Puisque dans l'imagination demeure un effort vers l'infini (*ins Unendliche*), et que la raison finie prétend toujours accéder à la totalité, reste concevable le sentiment du suprasensible. La possibilité de ce dépassement de toute finitude malgré l'échec de l'imagination à sortir de la sensibilité est ce que réalise le sublime dont nous avons vu l'apport à la finitude avec l'analyse de la *Critique de la faculté de juger* donnée par De Gramont. Avec ce dernier, le sublime est saisi comme un « soulagement » à la peine que se donne toute imagination à vouloir dépasser par la pensée la finitude de l'intuition sensible. Le sublime concède alors « l'espace d'un infini donné ».

Daniel Giovannangeli souligne combien « le sentiment du sublime résulte du jeu de l'infini avec le fini »[249]. L'esprit humain s'affirme comme suprasensible et, malgré le fait que l'infini donné reste absolument un infiniment grand, le seul fait de vouloir le penser par le sentiment du sublime fait coïncider dans l'esprit humain devenu suprasensible « le spectacle du ciel étoilé et la loi morale »[250]. Kant dira « *Ich sehe sie vor mir* », c'est-à-dire une même certitude les impose à moi car « je les vois l'un et l'autre devant moi »[251]. Si dans le sublime il y va du rapport de l'infini au fini, c'est parce que l'infini dépasse toute représentation finie du fait de son infinité.

Le refus heideggerien de tout infini ne récuse pas la possibilité infinie du *Dasein*. C'est pourquoi loin de voir dans l'infini une menace pour la finitude (KPM § 45), on peut bien supposer une transphénoménalité de l'être (Sartre). Celle-ci montre, sur la base de l'*a priori* factuel que, quoique le sens soit dans l'objet, le sens peut dépasser la condition phénoménale. Tout engagement du *Dasein* fini reste une possibilité d'être qui loin de se constituer en barrière à son ouverture à l'infini, la réalise. Surgit une question dont nous ne pouvons manquer de discuter avec Heidegger. Il s'agit du politico-théologique dans le projet de mise en œuvre d'une ontologie fondamentale. Contre le positivisme juridique contemporain qui limite l'avènement de l'*homo infinitus* et les institutions d'autres ordres, (religieuse et politique), le *Dasein* manifeste sa possibilité de choisir comme une transphénoménalité. La question est alors de savoir si l'imagination peut se passer de représentation. La « Raison sensible pure » n'est-elle pas fondée en fonction des images à représenter ? Si la sensibilité n'a pour fonction que d'engendrer une image, en quoi l'imaginaire de vérité que produit l'image atemporelle est socle d'objectivité de la réalité ?

---

[249] Cf. GIOVANNANGELI, D., *Finitude et représentation, Six leçons sur l'apparaître*. De Descartes à l'ontologie phénoménologique. Bruxelles, Ousia, 2002.

[250] *Ibid.* p. 107.

[251] *Idem.*

Il faut évaluer les conséquences de cette finitude pour l'être humain en comprenant celui-ci comme l'instance productrice du monde d'idées dans lequel il se retrouve. Ce monde est fait de représentations et de symboles. Ce que fonde toute représentation qui engendre le symbolisme est une « vision du monde » (*Weltanschauung*) qui vise à se « déterminer aussi bien subjectivement comme vécu, ou objectivement en tant que monde ayant reçu une configuration réelle »[252]. Or, « la philosophie en tant qu'ontologie, prend l'être pour unique et véritable thème directeur. Ce qui l'oblige à exclure "la vision du monde" de son domaine »[253]. Cette exclusion passe par la déconstruction de toute représentation en vue de rejoindre au-delà du symbole provoqué, ce qui « fait que les humains sont humains »[254]. Toute notre lecture jusque-là est restée fidèle à cette démarche.

Section VII-2- Au sujet de l'institutionnalisation représentative du *Dasein*

Représentation, en latin *repraesentatio*, est traduit en allemand par *Vorstellung*, du verbe *Vorstellen* : « poser » *(Stellen)*, « devant » (*Vor*). Déjà dans le *Haupwerk* de 1927, Heidegger souligne le caractère dérivé de toute représentation du fait que le monde apparaît toujours comme une préoccupation[255]. Inscrite plus tard dans le contexte de l'histoire de l'être, la critique de la représentation accuse celle-ci d'avoir été la forme dominante de la pensée métaphysique occidentale depuis l'*Idea* de Platon. Dans l'*époque des conceptions du monde*, texte paru dans *Chemins qui ne mènent nulle part* (1938), il souligne explicitement la centralité du sujet ainsi rendue par la représentation.

La subjectivité s'objective en représentation et se pose comme son propre centre. « L'acte de représenter devient un se représenter, la représentation étant fondée sur la réflexion »[256]. C'est précisément chez Descartes qu'on découvre ce trait descriptif de la représentation où l'idée de la chose se substitue à l'image (*Weltbild*) que nous en faisons (3e Méditation) allant jusqu'à se constituer en certitude, voire en sûreté (*sicherstellen*). Le monde apparaît comme une volonté qui s'assure d'elle-même ainsi que l'exprime l'ouvrage de Schopenhauer, *Le monde comme volonté et comme représentation.* Les *Recherches logiques* (§ 10) de Husserl vont entériner, au XXe siècle, cette suprématie de la représentation en montrant

---

252 GREISCH, J., « Analogia entis et analogia fidéi : Une controverse théologique et ses enjeux philosophiques (Karl Barth et Eric Przywara) », dans *Les Études Philosophiques,* mars 1989, p. 475-496.

253 *Ibid.*, p. 478.

254 Cf. KORZYBSKI, A., Manhood of Humanity: The Science and Art of Human Engineering, (1921), 1947.

255 Cf. SUZ, §15.

256 NICOLAS, F., « Représentation » Dictionnaire Heidegger, *op. cit.*, p. 1142.

que sur la base de « l'analyse intentionnelle... rien ne peut être jugé, désiré, espéré ou craint, s'il n'est pas représenté »[257].

On assiste à un règne planétaire de la représentation où celle-ci, présente partout, se questionne moins sur sa propre raison d'être. Puisqu'elle influence le temps et en modifie l'approche, entre avenir non encore là et passé déjà abandonné contre un présent non connu, Heidegger dénonce la menace que constitue toute représentation pour la volonté humaine. Il suppose, contre l'installation du *Vorstellen* en *Gestell,* d'envisager l'impensé de toute pensée représentée en supposant à première vue la figure imprésentable du *Dasein* toujours présent. Ce que nous avons effectué dans les chapitres précédents.

Reste cependant la question des représentations politiques et théologiques dont nous ne pouvons occulter la réalité. L'approche du théologico-politique dans la pensée de Heidegger dans un travail qui analyse le pouvoir de connaissance du *Dasein* cherche moins à élucider le cryptthéologisme et la compromission nazi de Heidegger qu'à énoncer le « retour du choc » que l'ontologie impose à ces disciplines que la vie et l'œuvre de Martin Heidegger n'auront pas manqué de provoquer.

Car, à notre époque, si l'instruction de « l'affaire Heidegger » paraît bien en voie d'être close, l'examen du « cas Heidegger » reste à décrypter. Autrement dit : « Ce qu'il révèle, c'est que l'enjeu est, non pas seulement le choix politique fait en 1933 par un intellectuel allemand nommé Martin Heidegger, mais bien la philosophie elle-même, interpellée à travers lui sur son sens et sur sa fonction »[258]. Celle-ci doit aussi s'étendre jusque dans le rapport contemporain philosophie et théologie : « Si Heidegger a lui-même déclaré que ses études de théologie ont été à l'origine de son questionnement philosophique, on ne peut cependant en tirer la conclusion que sa philosophie est issue de la théologie et que lui-même est demeuré un "cryptothéologien" ». Il faut chercher à « comprendre tout ce qui sépare la théologie de la foi d'une théologie de la pensée pour l'accès au Dieu divin, qui seul sans doute peut encore nous "sauver" »[259].

La relecture du *Kantbuch* ne peut occulter le questionnement du politico-théologique dans la pensée de Heidegger en venant de Kant disions-nous. Ne serait-ce que pour ouvrir la problématique sur le dépassement opéré par Heidegger à l'égard de Kant et partant toute l'interrogation que la phénoménologie transcen-

---

[257] *Idem.*

[258] QUILLIEN, J., « Philosophie et politique Heidegger, nazisme et la pensée française », Germanica [En ligne], 8 | 1990, mis en ligne le 28 novembre 2014, consulté le 30 septembre 2016. URL http://germanica.revues.org/2436.

[259] Cf Martin Heidegger interrogé par le Spiegel, Réponses et Questions sur l'histoire et la politique, Mercure de France, 1977, p. 49. C'est de ce dieu, qui n'est pas sans nous, et que, dans les *Beitràge zur Philosophie*, Heidegger nomme le « dernier » Dieu, qu'il nous faut attendre non la rédemption, c'est-à-dire au fond la défaite de l'homme, mais bien plutôt l'engagement de l'être plus originaire de celui-ci dans l'être lui-même » (Dastur Françoise. Heidegger et la théologie. Dans *Revue Philosophique de Louvain*. Quatrième série, tome 92, n° 2-3, 1994. 226-245).

dantale apporte quant à la saisie et à la compréhension de la modernité dont Heidegger limite l'essence à la représentation[260]. Le politico-théologique n'étant pas moins les traits de cette représentativité il faut en élucider le sens dans une ontologie phénoménologique de façon bien évidemment à les soumettre au « jeu de l'imagination » auquel a été attentif tout notre travail. Car : « L'imagination mise en jeu dans le jugement réfléchissant permet au sujet de saisir immédiatement la "forme" de la chose qu'il perçoit, de façon qu'il n'ait aucun besoin d'avoir recours aux processus qui pourraient la déterminer dans tel ou tel concept correspondant. L'activité du sujet se met alors à entrer entièrement dans un "jeu" »[261]. Dans quelle mesure les institutions politico-théologiques s'inscrivent-elle dans ce « jeu » du schématisme kantien que seule la liberté de l'être vrai permet de jouer ?

Il faut partir de l'hypothèse d'un au-delà du transcendantalisme suite au dépassement de tout rapport d'opposition « sujet et objet » sans présupposition de postulats pour l'éventualité de la « chose en soi ». Nous sommes arrivés à la réalité configuratrice du *Dasein* à tout « en soi ». Nous en avons déduit la possibilité de penser, après Descartes, donc au-delà de la métaphysique de la subjectivité, afin de concilier les verrous du temps et de l'espace supposés par Kant. Ceci à juste titre car Heidegger, comme ses deux prédécesseurs de la finitude originaire, n'envisage aucune connaissance au-delà de l'être, phénomène par excellence. Faut-il conclure dès lors qu'il n'y a pas de science exacte, de savoir définitivement acquis et qui serait à la portée de l'humain ? À moins de considérer l'humain lui-même comme inachevé donc porté par cette possibilité ontologique de dépasser tout savoir et de rester motivé par l'incertitude de toute connaissance.

L'infinité de toute connaissance nous permet de caractériser l'être humain d'infini. Il faut voir par là la possibilité de toujours poser à l'infini sa possibilité comme raison d'être. Désormais, l'humain inachevé nous apparaît comme infini être humain. La « sémantique générale » d'Alfred Korzybski, une thèse en étroite liaison avec l'ontologie fondamentale de Martin Heidegger, fait reconnaître aujourd'hui que le biologique étant inséparable du spirituel, l'*homo universalis* doit être aussi perçu sur le plan religieux comme « l'homme libre, porteur d'infini » (Grégoire de Nysse). Pour ce faire, tout clivage entre croyants et non croyants est inopportun dans une ontologie fondamentale. Car le *Dasein*, au-delà d'une civilisation religieuse ou d'une culture théologique particulière, maintient le questionnement de son aspiration au divin. Celui-ci devant encore, pour Heidegger, faire ad-

---

260 HERNANDEZ, M., « L'essence de la modernité selon Heidegger : la représentation », Appareil [En ligne], Articles, mis en ligne le 08 mars 2010, consulté le 30 septembre 2016. URL : http:// appareil.revues.org/972

261 Tetsuo Sawada, Liberté et institution : Sur la phénoménologie de l'Einbildungskraft dans la pensée de Marc Richir, Bulletin d'analyse phénoménologique XIII 2, 2017 (Actes 10), p. 525-544. Citons la phrase de Kant lui-même que cite d'ailleurs Sawad : « L'universelle communicabilité subjective du mode de représentation dans un jugement de goût, devant se produire sans présupposer un concept déterminé, ne peut être autre chose que l'état d'esprit dans le libre jeu de l'imagination et de l'entendement (*der Gemütszustand in dem freien Spiele der Einbildungs-kraft und des Verstandes*) » KANT, E. Kritik der Urteilskraft, Ak. V, p. 186, trad. fr., p. 81.

venir sa déité[262] malgré les siècles, sa thématisation, en appelle à un questionnement de la méthode désormais acquise pour surmonter cette aporie heideggérienne. Car l'enjeu du Sacré reste ce qui maintient le souci du respect de l'être humain. C'est la perspective à ne pas délaisser en pensant rapporter toute la valeur sacrale à l'être humain.

Il est évident que si « tout homme est une histoire sacrée », la marque de ce sacré en lui doit être reportée ailleurs, un ailleurs que l'humain est contraint de faire advenir sans s'y substituer. Dès lors, toute représentation religieuse doit porter la marque de ce que nous avons traduit par *unicité différentielle* en tant que chaque humain est configuré par l'unique (unicité) désir de vivre différemment (différentiel) l'aspiration au sacré. Cette compréhension de toute religiosité est le seul antidote face aux fanatismes religieux dans sa vision totalitaire de la société. Le matérialisme consumériste déshumanisant doit aussi y trouver son non-sens. La métaphysique du *Dasein,* parce qu'elle seule peut établir la vision universalisant de l'humanité au-delà de toute totalité, dans le strict respect de la dignité inaliénable de l'être humain, échappe à toute aliénation et est capable de dépasser toute confusion entre l'universel et l'absolu. L'intérêt pour un tel tournant phénoménologique de la théologie est inspiré du fait que l'humain, par ses propres représentations, a substitué le symbolisme de celles-ci à la sacralité qu'il constitue lui-même, entraînant une rupture fondamentale entre lui et la nature.

Toute représentation étant notre rapport aux choses (*Vorstellung*), l'humain a projeté sur la réalité ce qu'il est profondément au fond de lui-même de sorte qu'il n'existe plus qu'au profit de la représentation. Face au symbole qu'engendre toute représentation, l'humain y voit désormais sa propre projection. Toute la valeur sacrée qu'est l'être humain se rapporte à la réalité représentée sous la figure du symbolique. Ces symboles représentés, variables d'une époque à une autre, doivent se maintenir dans leur permanent dynamisme afin de ne pas constituer d'obstacles au déploiement de l'intotalisable être humain. C'est pourtant le contraire qui s'est produit au cours de l'histoire où l'universel fut limité à l'absolu. La philosophie transcendantale de Kant elle-même n'a pas échappé à cette manipulation. Nonobstant les récurrences du théologico-politique chez Kant, la maxime universelle d'action : « ne jamais traiter l'humain comme un moyen mais toujours comme une fin » aura servi de prétexte à des projets civilisationnels aussi bien théologique que politique. La finalité fut purement et simplement des détournements du sens de l'être là.

La génialité de la figure heideggerienne du *Dasein* est qu'elle échappe à toute manipulation. D'où la difficulté à saisir la pensée de Heidegger qui parle à l'homme

---

[262] Bien des déclarations de Heidegger sont à la fois énigmatiques et opposées sur la question. Soulignons entre autres : « Seul un Dieu peu encore nous sauver » ou « Provenance demeure à venir ». Placées dans leur contexte, nous nous accordons avec de grands commentateurs du philosophe, surtout dans ce versant théologique de sa pensée, pour dire avec Philippe Capelle, Jean Greisch, Emmanuel Falque, Didier Franck que la question de Dieu dans une ontologie fondamentale est à tenir à la fois de façon méthodique et méthodologique.

sans parler de l'homme. Nous partageons à cet effet les conclusions d'Alexander Schnell qui, reconnaissant comme tout interprète sérieux et crédible de Heidegger, que l'implication de celui-ci dans le nazisme ne laisse pas indemne sa pensée, attend cependant que soit prouvé comment une pensée de l'homme sans l'homme soit prise comme alibi d'ex-termination de l'humanité. Citons longuement le penseur contemporain de l'ontologie fondamental :

Pour celui qui a tant soit peu lu Heidegger, il est évident qu'il est impossible, pour ne pas dire simplement grotesque, de vouloir tisser un lien – qui plus est causal – entre la pensée de Heidegger et l'idéologie nazie. Toutes les tentatives, même les plus récentes, qui ont tenté de l'établir ont échoué. Cela ne dispense certes pas l'interprète de trouver une explication à son engagement politique – mais trouvera-t-on vraiment d'autres facteurs que la situation personnelle de Heidegger au début des années 1930 et ses convictions politiques générales, partagées par un grand nombre de personnes à son époque ? Il nous semble qu'il n'est pas possible de faire de Heidegger un nazi qui aurait porté le programme politique guerrier, destructeur et anti-humaniste du parti national-socialiste au-delà d'un contexte universitaire finalement assez limité et plus longtemps que quelques mois après l'arrivée au pouvoir d'Hitler. Heidegger a fait une distinction radicale entre la philosophie et la théologie – une distinction qui en instaure une autre : celle entre l'ontologie et l'éthique (et, partant la politique). Si cette distinction est sans doute discutable, il est une option qui, elle, ne l'est pas – à condition de s'y entendre : celle de lire exactement Heidegger comme il s'est compris lui-même, à savoir comme penseur d'une ontologie phénoménologique et non pas comme penseur (ou acteur) politique.[263]

Cette distinction faite par Heidegger lui-même entre le théologico-politique et la philosophie est ce qui rend pertinente la discussion de la phénoménologie avec ces sciences ontiques, discussion de laquelle l'exégèse heideggerienne elle-même ne peut s'absenter. En cela, il est plutôt à envisager non pas un « choc en retour » de ces disciplines sur la phénoménologie mais du « retour du choc » que celle-ci notamment dans son versant d'ontologie phénoménologique impose à chacune de ces sciences. Malgré la récente publication des *Cahiers noirs* (mars 2014) qui auront consacré l'autopsie nazie du philosophe et sa sortie déclarée du système du christianisme (*Beitrage zur Philosophie*), l'interprète actuel doit se tenir à distance de toute psycho-analyse pour prêter une oreille attentive au sens de l'être (*Écouter Heidegger* de François Fédier). Car : « Ce n'est qu'à partir de la vérité de l'être que se laisse penser le déploiement de l'être du sacré et ce n'est qu'à partir de l'être du sacré que peut être pensé le déploiement de l'être de la déité, à la seule lumière duquel peut être pensé et dit ce que doit nommer le mot Dieu »[264]. La récente pu-

---

263 SCHNELL, A., *De l'existence ouverte au monde fini, Heidegger 1925-1930*, Paris, Vrin, 2005, p. 147-248.

264 Cette citation est respectivement évoquée dans La *lettre sur l'humanisme* de 1946 et dans *Identité et Différenc*e de 1956 dont elle constitue la problématique.

blication de Christian Sommer, *Mythologie de l'évènement. Heidegger avec Hölderlin* est aussi à lire en ce sens[265].

Le contexte d'une telle lecture est avant tout à prendre au sérieux contre tout danger d'anachronisme et tout risque de contre-culture. Or, au sujet de la démocratie qui fonde ce contexte socio-politique actuel, Heidegger aura émis l'une de ces réticences qui incitent à penser autrement le vivre-ensemble démocratique au-delà des représentativités :

C'est à tort que cette société démocratique se réclame de la « *polis* » des Grecs en tant que forme primordiale de la démocratie. Car cette « *Polis* » ne connaissait pas la subjectivité comme mesure de toute objectivité. Elle s'ajointait à l'ordonnance des dieux qui, de leur côté étaient soumis au partage destinal de la Moira (communauté). Toutefois, lorsque dans l'histoire des Grecs, commença le règne du peuple, vint aussi la fin de leur grande époque « politique » telle qu'elle était fondée dans la *Polis*[266].

Il importe donc, à l'ère dite des droits de l'homme, de ne jamais séparer l'humain de l'être si de l'être humain on pense assurer la liberté. Car, le tiraillement de l'humain entre animalité d'un côté et rationalité de l'autre, a faussé le point de départ de l'être humain. Autrement dit, il faut saisir l'humain à partir de « quelque chose appartenant en propre à la réalité humaine, cette propriété au sens d'une constitution fondamentale de cet existant qu'est la réalité humaine, et comme antérieur à tout comportement »[267].

Il faut en envisager autant sur le plan théologique. Loin de souscrire cependant à un rejet déjà consommé et assumé par Heidegger du Dieu (chrétien), nous avons à soutenir que celui-ci reste à penser à fond plus qu'il n'aura été jusque-là pensé. C'est là tout notre intérêt pour le tournant théologique de la phénoménologie con-

---

265 SOMMER, C., *Mythologie de l'événement. Heidegger avec Hölderlin*, Paris, PUF, Épiméthée, 2017. L'hypothèse est celle d'une ébauche de la pensée du Dieu post-chrétien. Autrement dit, Sommer évoque la possibilité d'une « opération de remythologisation par une réactualisation théologico-politique de la tragédie chez Heidegger ». Cette opération ne saurait simplement coïncider avec une revalorisation « irrationnelle » du mythe, car elle procède d'abord d'une mise en question, non moins problématique, de la dualité supposée entre muthos et logos pour culminer dans ce qu'une note des années 1950 appellera la « mythologie de l'événement ». La réélaboration de la notion de mythe s'accomplit à partir du poème de Hölderlin qui doit préfigurer les dieux de l'« autre commencement » post-judéo-chrétien, selon le projet spéculatif d'une « religion » censée relier le peuple à ses dieux nouveaux via l'être comme événement. L'hypothèse d'une remythologisation théologico-politique doit ainsi permettre d'éclairer non seulement le rôle matriciel de Hölderlin pour la pensée de l'être, mais aussi le surinvestissement illu-soire du national-socialisme censé donner lieu au « peuple de Hölderlin ». Pour interroger cette réactualisation théologico-politique du mythe, l'étude se concentre sur les cours que Heidegger consacra à Hölderlin, tout en sollicitant l'intégralité du corpus des années 1933-1945, c'est-à-dire les cours fribourgeois, les traités inédits rédigés dans le sillage des Beiträge et les Schwarze Hefte.

266 FRANCE-LANORD, H., *Dictionnaire Heidegger*, *op. cit.*, p. 317.

267 HEIDEGGER, M., *Qu'est-ce que la métaphysique ?*, trad. Henry Corbin, Paris, Gallimard, 1951, p. 52

temporaine en cours notamment dans la phénoménologie française (Cappelle – Greisch – Lacoste – Chrétien – Marion – Falque – Romano). La constante discussion que maintient chacun de ces penseurs avec la métaphysique du *Dasein* et l'ontologie fondamentale témoigne de la neutralité métaphysique qu'impose la phénoménologie. Le fait donc d'avoir tenu à l'élaboration de la phénoménologie ontologique en continuité avec la philosophie transcendantale (l'idéalisme transcendantal allemand) ne limite aucunement que soit également envisagé la récurrence de l'ontologie fondamentale outre-Atlantique. Cette perspective qui est désormais la nôtre, pose Kant au principe (le temps et l'espace) et Heidegger en finalité (finitude ontologique).

D'ailleurs, ce que nous avons soutenu tout au long de notre recherche et qu'il importe de rappeler est que : « l'un des caractères majeurs de la philosophie transcendantale, que ce soit l'idéalisme transcendantal ou la phénoménologie transcendantale, consiste sans doute à dévoiler la mise en jeu spécifique de l'"imagination (*Ein-bildungskraft*)" dans les activités humaines »[268]. La théologie et la politique, constituant l'une et l'autre ces grands pôles d'humanisation, sont soumises à la construction de l'imagination comme processus de liberté et de garantie pour la communauté instituée des « égaux ». Ce qui signifie que « *l'imagination au sens phénoménologique se trouve être mise en jeu, à un seul et même moment, entre deux mouvements opposés l'un à l'autre ; entre l'excessive liberté qui fait suite au moment de sublimer, c'est-à-dire humani-sation, et son éventuelle récupération possible qui la stabilise dans l'institu-tion de la Raison* ».

D'où seule la considération du *Dasein* fini comme possibilité infinie ouvre l'être humain au choix de ses valeurs intrinsèques, celles de ne se limiter à aucune *vision du monde* dont les représentations et symboles sont la conséquence des guerres entre civilisations et cultures entraînant une dénégation de l'humanité. Étant donné qu'aucun domaine de l'être humain, qu'il soit religieux (théologie), politique (république, démocratie) et social (sciences dites exactes et éthique), ne s'est imposé indépendamment des représentations et symbolismes de l'être humain, il faut convenir que c'est l'humain lui-même qui confère sens et existence à tout ce qui est, parce qu'il est l'essence de tout existant. Autrement dit, c'est lui qui donne valeur à ce qui subsiste parce qu'il est la seule valeur qui préexiste. L'être humain est le fini infiniment déterminable. À ce titre, le divin est moins à envisager comme une valeur que ce qui donne la possibilité du valable.

L'analyse heideggerienne de l'*Einbildungskraft* kantienne soumet tout phénomène à ce paradoxe de la vie humaine « dédoublée entre l'humanisation et son éventuelle fixation dans l'institution ». Ainsi, l'imagination étant loin d'être une simple fonction intermédiaire, elle ouvre à la liberté phénoménologique et à sa conséquence (institution). Ce qui dévoile l'essence phénoménologique du phénomène humain et permet de paraphraser Tetsuo Sawada en soutenant que « l'*Einbildungskraft* kantienne inspire les idées phénoménologiques de Heidegger,

[268] SAWADA, T., Liberté et institution : Sur la phénoménologie de l'Einbildungskraft dans la pensée de Marc Richir, Bulletin d'analyse phénoménologique XIII 2, 2017 (Actes 10), p. 525-544.

telles que présentées par Kant et s'inscrivant dans la tradition de la phénoménologie transcendantale. On peut le constater à travers cette brève histoire de la pensée :

Depuis Aristote en passant par Descartes, qui se serait pourtant opposé au Stagirite, le monde a connu différentes mutations en civilisations et pensées variables entre sémantiques et évolution scientifique. Les diverses philosophies que le monde a connues et qui par suite sont devenues des systèmes de pensée n'ont pu s'élaborer indépendamment de la vision du monde et de l'homme issue de la science. On peut considérer la logique de pensée d'Aristote élaborée au IVe siècle avant Jésus-Christ[269]. Celle-ci repose sur la vision antique du monde, celle des mathématiciens d'alors qui percevaient la terre comme un disque plat situé au centre de l'univers. Contre ce système euclidien préscientifique, la logique cartésienne au XVIIe siècle, inspirée des découvertes de Galilée et de Newton, fonde le rationalisme des sciences humaines contemporaines. Le XXe siècle qui s'inscrit dans cette période semi-scientifique va élaborer la mécanique quantique et la théorie de la relativité d'Einstein pour récuser totalement Newton et par conséquent la logique aristotélicienne et aussi cartésienne. Le monde devient mathématique et donc totalement scientifique axé sur la théorie de la relativité d'Einstein[270]. Il est évident de constater que ces deux conceptions aristotélicienne et cartésienne,

Ont eu pour conséquence d'entraver notre acquisition du maniement des symboles, nous rendant incapables de nous servir des mots d'une manière adaptée. Cette inadaptation a entraîné une inaptitude à développer nos facultés de réflexion et notre comportement. Il importe donc d'acquérir une vision de nous-mêmes et du monde aussi conforme que possible aux faits, qui corresponde à ce que nous sommes effectivement.[271]

---

[269] Les trois principes de la logique d'Aristote sont : 1- La loi d'identité : tout ce qui est, est. 2- La loi de contradiction : rien ne peut à la fois être et ne pas être. 3- La loi du tiers exclu : tout doit ou bien être ou bien ne pas être. Ces postulats, principes purement mathématiques se sont imposés comme des lois de la pensée. Le résultat en est la conception dualiste qui est à la base du langage, de la pensée et de l'agir de l'antiquité à nos jours.

[270] Cf. EINSTEIN, A., *La théorie de la relativité restreinte et générale,* 1916. Einstein remit en cause les concepts de l'espace et de temps inchangés depuis le XVIIe siècle. Pour lui, le mouvement fondateur de « l'ancienne physique » n'est pas adapté à la compréhension du monde matériel. Il recourt à de nouveaux concepts mathématiques offrant ainsi aux philosophes et aux physiciens tels Bertrand Russel (1914), l'atout pour déterminer comment les nouvelles théories physiques mathématiquement fondées peuvent être valables pour agir sur les événements du monde. Einstein rédige également « Comment je vois le monde » 1933. Année même où Hitler prenait le pouvoir, il y plaide contre le nazisme et développe un pacifisme humain qui permet de penser Dieu à rebours de la conception des religions juive et chrétienne.

[271] Cf. KORZYBSKI, A., "Science and Sanity", an Introduction to Non-Aristotelian Systems and General Semantics, 1933). Prolégomènes aux systèmes non-aristotéliciens et à la Sémantique générale. Le rôle du langage dans les processus perpétuels. Trad. Fr. Isabelle Aubert-Baudron, 2007.

L'homme contemporain apparaît comme « un être dynamique en constante évolution ». Contrairement aux sociétés animales à caractère et réaction statiques et figés, les humains élaborent une culture et sont porteurs de civilisation. L'être humain est détenteur d'un certain nombre d'attributs et de facultés qui le différencient radicalement de tous les autres êtres : les symboles, la notion du temps, la conscience de la mort, la liberté de choisir, le cortex outil de la réflexion. Dans l'ordre de la connaissance humaine on distingue l'humainement connaissable et l'humainement inconnaissable :

Notre structure nerveuse éprouve des sensations qu'elle organise en perceptions, lesquelles sont tributaires des possibilités et des limites de la structure nerveuse humaine ; de ce fait, tout ce que nous pouvons être amenés à connaître est fonction des capacités et des limites de notre organisme ; il ne nous est donc pas possible de tout connaître ni d'appréhender totalement et exactement ce que nous appelons la réalité.[272]

Ce que nous ignorons du monde est plus étendu que ce dont nous pensons avoir connaissance. L'ignorance s'impose à chaque âge de l'humanité comme la chose du monde la plus certaine. Il est impossible à quiconque de prétendre avoir raison en tout ou de détenir toute la vérité dans quelque domaine que ce soit. La pluralisation du monde justifie que le principe ontologique d'une humanité foncièrement acquise comme reconstitution des limites humaines est la compréhension de celle-ci. Les sciences dites exactes se révèlent manquant d'objectivité parce que celle-ci loin de se constituer en savoir absolu est une connaissance relative. Même l'idée de Dieu, en dehors du Moyen-âge où elle a risqué la stagnation dogmatique dans son élaboration, intègre tout dogme comme possibilité de déploiement de son être. La conception qui prévaut dorénavant est que tout ce que l'homme peut connaître est « un phénomène dû conjointement à l'observateur et à ce qu'il observe »[273]. L'observation humaine entre ainsi dans une grande phase de relativité où toute observation varie en fonction de l'observateur.

Face à tout infini y compris celui jusque-là tenu comme infini divin, l'*homo infinitus* doit pouvoir reconnaître qu'« il n'y a et il ne peut y avoir quelque chose comme être que là où la finitude est devenue existante. L'entente de l'être qui, inconnue en sa portée, sa constance, son indéterminité et son "évidence" *(Fraglosigkeit)*, domine de part en part l'existence de l'homme se révèle comme le fond le plus intime de sa finitude »[274]. Cette finitude intime est ce à quoi l'ontologie fondamentale soumet toute infinitude positive y compris l'infini divin.

Se penser hors catégorie, c'est tenir la fibre spirituelle et existentielle qui caractérise toute présence à soi et par laquelle on peut attester que l'homme n'est qu'un existential. L'existentialité est l'ensemble des caractéristiques à travers lesquelles l'humain s'implique dans l'histoire. Grâce à elles, il se détermine comme histoire. Il s'ensuit que l'être humain demeure un être spirituel et temporel au sens où toute

---

[272] *Idem.*

[273] *Idem.*

[274] KPM, p. 206.

temporalité est spirituelle et toute spiritualité s'inscrit dans le temporel. D'où, l'expérience fondamentale à partir de laquelle peut être identifiée l'essence de l'humain est l'horizon clos de sa connaissance comme ultime condition nécessaire de toute expérience. Cet énoncé est ce que Kant pose comme pouvoir intermédiaire de l'imagination l'*Einbildungskraft* entre la sensibilité (l'intuition) et l'entendement (le concept). Husserl va le renchérir en soulignant « la puissance de la "phantasia (Phantasie)" et son fonctionnement au cours de la réduction eidétique, comme moyen d'accéder à l'essence (ou l'eidos) des vécus intentionnels ».

C'est à cette figure de l'être humain qui permet au vivant de se reconnaître, qu'initie l'ontologie fondamentale qui est une pensée du commencement. Elle propose comme en « retour » le lieu d'où il faut partir pour penser tout ce qui reste pensable y compris la pensée de l'infini divin que l'être humain pose à tort comme une altérité extérieure à soi. L'altérité divine est intrinsèque à l'être humain. Autrement dit, « il n'y a d'expérience du divin que celle de l'humain ». Le *Quadripartite* encore entendu *das Geviert* est l'un des textes majeurs qui cherchent à justifier cette harmonisation du divin et de l'humain. « *Vier* » est la désignation allemande du nombre cardinal quatre, et « *Ge* » indique un rassemblement. *Geviert* serait alors le participe passé du verbe *Viere, quadro* en latin dont le sens évoque la possibilité de former un « ensemble harmonieux, un carré parfait ».

Le substantif *das Geviert* sert à Heidegger en un sens singulier pour désigner « l'entièreté du monde » dans son rapport à l'*Ereignis.* Autrement dit, « lorsque résonne le mot *Geviert*, tout (les mortels et les divins, la terre et le ciel) doit être entendu comme advenant à soi à partir de *l'Ereignis : als Ereignete* »[275]. Toute « Chose » qui advient ou se manifeste, fait advenir l'être. « Le quadriparti uni du ciel et de la terre, des divins et des mortels, qui est mis en demeure dans le déploiement jusqu'à elles-mêmes des choses, nous l'appelons le Monde »[276]. La chose fait venir un Monde à l'apparaître. Sans ce monde on ne saurait parler de l'être de la chose : « Le monde et les choses ne sont pas l'un à côté de l'autre, ils passent l'un à travers l'autre »[277]. Ce n'est que dans l'unissonnance du monde que le mortel peut déployer la responsabilité du sacré, *das Heilige*.

Françoise Dastur identifie ce « Indemne » (le Sacré, *Das Heilige*) comme « cette éclaircie du monde au sein de laquelle seules toutes choses, et Dieu lui-même, peuvent s'annoncer et accéder à l'apparaître »[278]. C'est là, la loi primordiale de l'être manifestée, depuis Aristote en passant par la scolastique, entre les couples d'opposés, être et devenir, être et apparence, être et penser, être et devoir. Pour reconsidérer la place de l'humain dans le monde où l'homme perd toute assise, il

[275] FRANCE-LANORD, H., « Geviert », *Dictionnaire Heidegger, op. cit.*, p. 544.

[276] HEIDEGGER, M., « Protocole d'un Séminaire sur la conférence Temps et Être », dans *Questions* IV, p. 76.

[277] *Idem.*

[278] Cf. DASTUR, F., *Heidegger et la pensée à venir*, Paris, Vrin, coll. « Problèmes et controverses », 2011.

faut considérer avant tout que l'évènement du monde (*Ereignis*) n'est point indépendant du *Dasein* qui y est configuré[279].

C'est dans les *Beiträge zur Philosophie* (*Vom Ereignis*) que s'illustre nettement cette prépondérance du *Dasein* à faire coordonner les quatre éléments pour l'avènement de l'être : « La relation du *Da-sein* (écrit volontairement avec un tiret) à l'Être appartient au déploiement de l'Être (die *Wesung des Seyns*) lui-même, ce qui peut aussi se dire ainsi : l'Être requiert le *Da-sein* et ne se déploie pas sans cette venue à soi (*Ereignung*) »[280]. On comprend ici que le *Dasein* ne répond plus aux attributs de l'homme soumis à la subjectivité métaphysique. Il participe de lui-même à l'avènement du « *Quadriparti* » : « les hommes, les dieux, la terre et le ciel »[281]. Darwiche Frank précise que : « Le divin n'est pas tout simplement en vis-à-vis, et dire de celui-ci qu'il n'a rien d'une réflexion objectivante ni d'une simple présence ne suffit pas. Le divin qui donne le dire depuis le Sacré des lieux instituant le monde mondant par le *Geviert* n'est pas seulement dans le vis-à-vis que permet l'*Unter*, il est aussi dans la proximité *(Nähe)*, auprès de chacun des quatre »[282].

L'affrontement entre terre et monde (*Streit)* qui suscite « le désir humain de Dieu » comme préfiguration du « *Ge-Viert* », (GA 5-32), justifie combien la moindre « chose » qui cherche à questionner le monde doit nécessairement évoquer dans un ensemble inséparable le *Geviert,* terre et ciel, les divins et les mortels. L'illustration la plus évidente, précise Darwiche, est que : « lorsque nous regardons le ciel, nous pensons le divin ; lorsque nous nous tournons vers la terre, nous pensons le divin ; lorsque les dieux nous parlent, nous pensons le divin ; lorsque nous prenons garde à l'homme dans son *Dasein*, nous pensons le divin. Le divin est toujours déjà à côté de chacun des quatre dans l'intimité (*Innigkeit*) de la proximité (*Nähe*) »[283].

Dans la conférence sur la « Chose » où le *Geviert* est clairement nommé, le philosophe montre qu'il s'agit du jeu du monde, *Weltspiel.* Ce qui justifie qu'à travers les quatre voix qui résonnent : le ciel, la terre, l'homme, le dieu (GA 4-170), s'harmonise une partition existentielle où chaque élément complète l'autre sans

---

[279] L'analyse approfondie se retrouve chez Jean-François Mattei, Heidegger et Hölderlin. *Le Quadriparti*, Paris, PUF, Épiméthée, 2001, 288 Lien : http://www.cairn.info/heidegger-et-holderlin-le-quadriparti. Consulté le 3 juin 2016 à 13h43.

[280] HEIDEGGER, M., *Apports à la philosophie*, § 135.

[281] Il faut compléter cette vision du *Dasein* qui sort désormais de sa position d'être jeté pour construire son univers à travers les analyses de Graham Harman, *Le Quadriparti chez Heidegger* auteur de Tool-Being. Heidegger and the Metaphysics of Objects, Chicago, Open court, 2002.

[282] DARWICHE, F., « Le divin (*Göttliche*) au cœur du quadriparti (*Geviert*) », Revue philosophique de la France et de l'étranger 3/2009 (tome 134), p. 309-332.

[283] DARWICHE, F., « Le divin (Göttliche) au cœur du quadriparti (Geviert) », Revue philosophique de la France et de l'étranger 3/2009 (tome 134), p. 309-332. On peut aussi compléter l'analyse avec l'article d'Henri Birault, « De l'être, du divin et des dieux chez Heidegger », De l'être, du divin et des dieux, Paris, Cerf, 2005.

qu'aucun n'ait de préséance sur l'autre. Ce qui impose toutefois, un renoncement. La pensée en cette nouvelle localité doit délaisser *le primat de la conscience, et sa conséquence, le primat de l'homme.* Françoise Dastur souligne que pour une « pensée à venir » qui se veut, pensée du commencement, il faut comprendre le divin comme « ce dieu qui fait simplement signe en passant aux mortels, à ceux qui sont "capables de la mort", c'est-à-dire qui ont su voir dans leur propre finitude une ressource et non une simple limite »[284].

[284] DASTUR, F., *Heidegger et la pensée à venir*, Paris, J. Vrin, coll. « Problèmes et controverses », 2011, p. 252.

Conclusion

Le nouvel horizon philosophique

La pensée est synonyme de l'être. Penser c'est donc être. Lire Heidegger c'est alors ramener la philosophie à son fondement : le commencement de la pensée. Car la subjectivité humaine est une structure de transcendance. La « *Raison sensible pure* » (*reine sinnliche Vernunft*) en tant que « *Transzendenzstruktur* » permet d'illustrer cette monstration (phénoménologie) de toute connaissance et ce loin de toute démonstration (métaphysique) comme « perception transcendantale ». C'est ce que restitue le Heidegger du *Kantbuch* par sa lecture phénoménologique du schématisme kantien. Cette approche de l'imagination atteste que la phénoménologie et plus précisément l'ontologie phénoménologique doit sa date de naissance à l'idéalisme transcendantal. Cette phénoménologie technique en vue d'une philosophie théorique à laquelle nous avons été attentifs a permis de cerner le changement de registre capital qu'apporte le projet d'une ontologie fondamentale dans l'avènement de la connaissance. Pour Heidegger, le théorique ne peut se distancier du pratique. L'être est configuré à l'être-là, la subjectivité humaine est figure de transcendance parce qu'elle est le transcendantal lui-même. C'est pourquoi la phénoménologie ne peut être une simple spéculation théorique limitée à une subjectivité thématique. Elle est aussi l'art du comportement (*Verhantnis*) ontologique en ce sens qu'elle implique avant tout la connaissance du sujet connaissant en mesure de se transcender.

Pour le comprendre dans un horizon conceptuel qui est le nôtre et qui reste phagocité par des siècles du *Cogito* cartésien, il faut procéder à la déconstruction de celui-ci afin de reconstruire l'horizon de notre intellectualité comme « retour au commencement de la pensée » c'est-à-dire à notre finitude originaire. Il ne s'agit donc plus du principe de finitude mais de la conceptualisation de la finitude originaire comme concept devant dorénavant se substituer au « *Cogito* cartésien » qui jusque-là s'est posé au fondement du schème de notre entendement voire notre capacité cognitive. Pour peu qu'on s'intéresse aux trois domaines de déploiement de l'être humain : l'anthropologie, la théologie et la politique le *Cogito* constitue un point de départ. La question nécessitant un changement de paradigme est de savoir si le point de départ a toujours honoré ses objectifs. La crise anthropologique d'après-guerres, la division du monde entre naturel et surnaturel et l'ère des droits de l'homme n'interpellent-ils pas la philosophie qui est au fondement de chacune de ces disciplines à se repenser pour mieux penser ses acolytes ?

Descartes, pas plus que les cartésiens, a fait du *Cogito* une substantialité ontologique c'est-à-dire un moi existant réellement, immortel et impérissable. Si donc la vérité du *Cogito* tenait à la seule pensée, le *Cogito* est, parce qu'il est en relation avec les réalités mondaines. Il n'est plus une chose en soi. C'est pourtant la valeur (sens) que Descartes lui accorde, une réalité au-delà des phénomènes, un inconditionné. Plus, même tenu comme intuition « Je » ne peux en aucune manière isoler le moi sujet de son activité de représentation pour en faire un moi objet. Le moi n'est pas une réalité séparable de l'objet de sa représentation (intuition). Si telle est la critique kantienne du *Cogito* dans laquelle nous nous inscrivons à partir du rebondissement heideggerien du sens de la métaphysique, l'enjeu de notre thèse : « L'homme est un être fini » est de revenir à une conceptualité de la finitude originaire en substitution du *Cogito* cartésien. Nous n'ignorons pas la restitution marionienne de celui-ci à partir du sentir henryen. C'est même là que se fonde toute notre ambition de nous inscrire en philosophie contemporaine pour montrer le sens de ce que fit depuis toujours l'essence de la pensée et que la métaphysique aura tenté vainement d'inventer.

En phénoménologie donc la finitude reçoit un sens positif. L'originalité de cette pensée encore en ébauche dans un horizon intellectuel où le cartésianisme a des tentacules irrévocables tient dans l'école philosophique qui est la nôtre et qui contraste avec l'horizon français. Nos études franco-allemandes ont justement offert à l'Africain que nous sommes, après avoir été moulu par le cours de philosophie dans les schèmes mentaux français et formé à la méthodologie en histoire de la philosophie à l'institut catholique de Paris, et à la réflexion spéculative de Martin Heidegger, notre thèse nous situe dans l'espace de la philosophie heideggerienne de notre génération et de ses apports à une herméneutique de la culture contemporaine. Or, l'homme contemporain est figure de finitude comme l'aura bien montré Foucault dans les *Mots et les choses*. Ce n'est donc pas parce que l'homme contemporain le revendique que la finitude s'impose au fondement. Peu s'en faut.

Pour peu qu'on décide de passer de la métaphysique à une conversion de regard, donc à une démarche amétaphysique voire phénoménologique, la finitude humaine doit être saisie dans sa positivité que des siècles de métaphysique ont obstruée. La culture contemporaine est donc celle du retour à soi, l'ipséité humaine en quête d'être. Depuis l'avènement des droits de l'homme, l'essor de la démocratie et l'anathéisme, la finitude devient le concept oublié de la métaphysique. La réminiscence intellectuelle qui s'impose aujourd'hui en philosophie est un atout pour l'essor de la pensée en Afrique, la culture qui nous porte en gestation. Car la phénoménologie loin d'être un ensemble de doctrines philosophiques, est une « opération de dégagement d'horizon » afin de réaliser le retour aux choses et à leur droit de se dire. En effet c'est parce que nous sommes des être finis que nous nous posons des questions métaphysiques pour assumer notre être-là, à chercher à aller au-delà de la contingence humaine. Mais la question, la vraie qu'il faut se poser est de savoir si l'on peut vraiment se dépasser, aller au-delà du soi ? N'est-ce pas plutôt l'impossibilité de se dépasser qui fonde la possibilité d'être ; déterminant celui-ci non plus comme un simple sujet culturel ou social, ou politique mais comme non pas la transcendance mais plutôt le transcendant lui-même.

En métaphysique, le transcendant est ce qui est au-delà, ce qui dépasse, surpasse, en étant d'un tout autre ordre. Par exemple, certains considèrent que l'esprit transcende la matière, d'autres que la matière est au-delà de l'esprit (et donc inconnue). Le terme est particulièrement, mais pas toujours, utilisé pour discuter la relation de Dieu au monde. La conception d'un Dieu par définition transcendant ne signifie pas, pour les croyants, qu'il serait totalement en dehors et au-delà du monde, ces notions d'en dehors et d'au-delà étant, elles, de ce monde – mais bien que sa nature ne soit pas limitée à l'en dedans ou l'en deçà et qu'elle les inclut et les dépasse, que Dieu se manifeste ou non. Elle naît de la conception aristotélicienne de Dieu. À l'inverse, les philosophies et religions de l'immanence, le spinozisme, le vodun, le christianisme notamment maintiennent que Dieu se manifeste dans le monde, et est présent dans celui-ci à travers les choses qui le composent. La nouveauté phénoménologie n'est donc pas un ajout conceptuel mais une visibilité thématique.

En phénoménologie, le transcendant est ce qui transcende notre propre conscience, c'est-à-dire ce qui est objectif, par opposition à ce qui est seulement un phénomène de notre conscience. L'être humain n'est donc pas supposé comme fini. Il l'est par sa constitution : l'évidence de la natalité et la certitude de la mortalité. C'est en cela que pour Martin Heidegger le transcendant par excellence, c'est le *Dasein* ou « Être-au-monde » comme ouvrant le monde en projet. Ainsi pensons-nous qu'en cherchant à mettre en œuvre une pensée philosophique conséquente au sujet philosophant que nous sommes, l'être-au-monde du *Dasein* est dorénavant le caractère aprioritique dont il nous faut repartir. Le principe de l'entendement qui permet de l'entrevoir et de procéder à son élaboration est celui de « Raison sensible pure ». Certes le *Cogito* ne disparait pas. Mais il connaît un élargissement de sens qui le détrône de sa suprématie à dire le tout de la pensée. Le *Cogito* n'est pas la pensée, il en fait partie. Car seule la pensée fait l'être à telle enseigne que l'être est la pensée.

Déjà avec Kant, l'*ego* de Descartes prend la forme du sujet transcendantal, condition de possibilité *a priori* de la synthèse du divers sensible. Le « *ego cogito* » est donc le point de départ de la théorie de la connaissance chez Kant. Le « *Sum* » quant à lui doit subir une suppression, celle à faire du moi comme une substance. Car toute existence est pure sensibilité en ce sens qu'il n'y a de raison que raison humaine. L'entendement lui-même devient sensible. C'est de là qu'il faut comprendre que notre travail que le professeur Kissezounon qualifie justement d'éthico-social ouvre à la dimension sociale de la philosophie de Heidegger jusque-là ignorée à cause de la compromission nazie de celui-ci. Cette compromission n'est pas à ignorer mais reste une alerte donnée à la pensée philosophique. Les projets de civilisation ou d'humanisation jusque-là élaborée par des cultures qui se sont crues supérieures à l'égard de celles déclarées abusivement inférieures, renforcent-ils celles-ci en dignité humaine où c'est parce que leur dignité est évidente qu'un projet peut s'avérer juste à leur égard. Il revient au sujet culturel africain en particulier béninois de prendre avant tout conscience de son être-au-monde pour se reconnaître comme sujet culturel c'est-à-dire créateur de culture donc prototype d'un vivre-ensemble épanouissant pour ne pas dire humanisant.

L'individualisme et la déconnexion de soi qu'a provoqués dans l'histoire le *Cogito* de Descartes est aujourd'hui l'atout accordé à la philosophie en Afrique pour remettre en place une pensée de l'homme au-delà du simple sujet que celui-ci soit culturel, politique ou social. Les trois pistes d'une lecture profiteuse de Heidegger en Afrique sont donc encore en attente et sont : la question de l'homme, le problème de la politique et la situation de la religion.

Bibliographie

I. Ouvrages de Martin Heidegger

De l'essence de la liberté humaine. Introduction à la philosophie, (GA 31), Cours été 1930. trad. MARTINEAU, E., Paris, Gallimard 1996.

Être et Temps, (GA 2), 1927, trad. MARTINEAU, E., Paris, Authentica, 1985 et trad. F, Vezin, Paris, Gallimard, 1986.

Essai et conférences, (GA 7), trad. PRÉAU, A., Paris, Gallimard, coll. « Tel », 1958.

Interprétations phénoménologiques d'Aristote (GA 62), Cours, hiver 1921-22, trad. COURTINE, J.-F., Mauvezin, TER, 1992.

Hegel et le problème de la métaphysique, 1930, (GA 80), trad. VEZIN, F., La fête de la pensée. Hommage à F. Fédier, H. France-Lanord, F. Midal (éd.), Paris, Lettage Distribution, 2001.

Interprétation phénoménologique de la « critique de la raison pure » de Kant, Cours, Hiver 1927-1928, (GA 25), trad. MARTINEAU. E., Paris, Gallimard, 1982.

Introduction à la métaphysique, (GA 40), trad. KAHN, G., Paris, Gallimard, 1967.

Kant et le problème de la métaphysique, 1929, (GA 3) trad. BIEMEL, W., & WAEHLENS, A. (de), Paris, Gallimard, coll. « Tel », 1981.

Les Conférences de Cassel, 1925, (GA 80), trad. GENS, J.-C., Paris, Vrin, 2003.

Les concepts fondamentaux de la métaphysique, monde-finitude-solitude, (GA 29/30) cours, hiver 1929-30, trad. PANIS, D., Paris, Gallimard, 1992.

Les problèmes fondamentaux de la phénoménologie, (GA 24), trad., COURTINE, J.-F., Paris, Gallimard, 1985.

Lettre sur l'humanisme, 1964, trad. MUNIER, R., in Questions III, Paris, Gallimard, 1984 et l'édition bilingue, Paris, Aubier-Montaigne, 1957.

Ontologie. Herméneutique de la factivité, (GA 63), cours, été 1923, trad. BOULOT, A., Paris, Gallimard, 2012.

Prolégomènes à l'histoire du concept de temps, (GA 20), trad. BOULOT, A., Paris, Gallimard, 2006.

Qu'est-ce que la métaphysique ? 1928, Paris, Gallimard, 1929.

Questions I, Paris, Gallimard, 1978.

Questions III, Paris, Gallimard, 1966.

Questions IV, Paris, Gallimard, 1976.

Schelling. Le traité de 1809 sur l'essence de la liberté humaine, (GA 42) trad. COURTINE, J-F., Paris, Gallimard, 1977.

II. Littérature critique concernant Heidegger

ARJAKVSKY P., FÉDIER, F., et FRANCE-LANORD, H., (dir.), *Le Dictionnaire Martin Heidegger : Vocabulaire polyphonique de sa pensée,* Paris, Cerf, 2013.

AUBENQUE, P., (éd.), *Débat sur le kantisme et la philosophie (Davos, mars 1929) et autres textes de 1929-1931*, trad. Pierre Aubenque, J.-M. Fataud, P. Quillet, Paris, Beauchesne, 1932.

BIRAULT, H., De l'être, du divin et des dieux chez Heidegger, Paris, Cerf, 2005.

CARON, M., Heidegger, Pensée de l'Être et origine de la subjectivité, Paris, Cerf, 2005.

CAYE, P., Destruction de la Métaphysique et accomplissement de l'homme dans Heidegger et la question de l'humanisme. Faits, concepts débat, Paris, PUF, 2005.

COURTINE, J.-F., *Heidegger et la phénoménologie*, Paris, Vrin, 1990.

----------------------, *Heidegger 1919-1929, De l'herméneutique de la facticité à la métaphysique du Dasein* (actes du colloque organisé par Jean-François Marquet à l'Université Paris-Sorbonne, en novembre1994), Paris, Vrin, coll. « Problèmes & Controverses », 1996.

DASTUR, F., *Martin Heidegger*, Paris, L'Herne, 1983.

----------------------, *Heidegger et la question anthropologique*, Louvain-Paris, Peeters, 2003.

----------------------, *Heidegger et la pensée à venir*, Paris, Vrin coll. « Problèmes et controverses » 2011.

----------------------, « Mortalité et finitude » in La phénoménologie en question, Langage, altérité, temporalité, finitude, Paris, Vrin, 2004.

GREISCH, J., Ontologie et temporalité, Une esquisse intégrale d'Être et temps, Paris, PUF, coll. « Épiméthée », 1994.

GRONDIN, J., *Le tournant dans la pensée de Martin Heidegger*, Paris, PUF, coll. « Épiméthée », 1987.

GÜNTER, F., Martin Heidegger, Phänomenologie der Freiheit, Athenäum, 1988.

HAAR, M., *Heidegger et l'essence de l'homme*, Grenoble, Jérôme Million, 2002.

HUSSERL, E., *Notes sur Heidegger, Husserliana XXVII*, tr. Didier Franck, Paris, Minuit, 1993.

JARAN, F., Heidegger inédit, 1929-1930, L'inachevable Être et temps, Paris, Vrin, 2012.

----------------------, La métaphysique du Dasein. Heidegger et la possibilité de la métaphysique (1927-1930), Bucarest, Zeta books, 2010.

JOLLIVET, S., et ROMANO C., *Heidegger en dialogue*, 1912-1930, Paris, Vrin, 2009.

PAYEN, G., Martin Heidegger, Catholicisme, révolution, nazisme, Paris, Perrin, 2016.

RIVELAYGUE, J., *Leçons de métaphysique allemande, tome II*, Kant, Heidegger, Habermas, Paris, Grasset, 1992.

ROMANO, C., L'inachèvement d'être et temps et autres études d'histoire de la phénoménologie, Argenteuil, le Cercle herméneutique éd. impr. 2013.

SALANSKIS, J.-M., *Heidegger, le mal et la science*, Klincksieck, Continents philosophiques, 2009.

SCHNELL, A., De l'existence ouverte au monde fini, Heidegger 1925-1930, Paris, Vrin, 2005.

SCHOTT, E., Die Endlichkeit des Daseins nach Martin Heidegger, Berlin, De Gruyer, 1930.

SERBAN, C., Phénoménologie de la possibilité : Husserl et Heidegger, Paris, PUF, coll. « Épiméthée », 2016.

SOMMER, C., Heidegger, Aristote, Luther. Les sources aristotéliciennes et néotestamentaires d'Être et Temps, Paris, PUF, 2005.

WAHL, J., *Introduction à la pensée de Heidegger*, Paris, Livre de Poche, 1988

III. Littérature secondaire

III. 1. Livres

AGAMBEN, G., *L'Ouvert. De l'homme et de l'animal*, trad. Joël Gayraud, Paris, Rivages poche, 2006.

ATIAS, C., *Philosophie du droit*, 3e édition, Paris, PUF, 1999

BLUMENBERG, H., *Beschreibung des Menschen*, Frankfurt, Main Verlag, 2006.

COPANS, J., Introduction à l'ethnologie et à l'anthropologie : Domaines et approches, Paris, Armand Colin, 2010.

DESCARTES, R., Discours de la méthode, pour bien conduire sa raison, et chercher la vérité dans les sciences, Paris, Flammarion, 2003.

DUFOUR-KOWALSKA, G., *L'art et la Sensibilité*, de Kant à Michel Henry, Paris, Vrin, 1996.

ETCHEGOIN, M.-F., et LENOIR F., La saga des Francs-Maçons, *L'enquête définitive*, Paris, Robert Laffont, 2009.

FALQUE, E., Passer le Rubicon. Philosophie et théologie : Essai sur les frontières, « Donner raison philosophie » 42, Bruxelles, Lessius, 2013.

----------------------, *Métamorphose de la finitude. Essai sur la naissance et la résurrection* », Paris, Cerf, coll. « La nuit surveillée, 2004.

FERRY, L., Kant, *Une lecture des trois critiques*, Paris, Grasset, 2006.

GANTY, E., *Penser la modernité, Essai sur Heidegger*, Habermas et Éric Weil, Namur, Presse universitaire de Namur, 2002.

GRAMONT (de), J., *Kant et la question de l'affectivité*, Paris, Vrin, 1996.

----------------------, *L'entrée en philosophie, Les premiers mots*, Paris, L'Harmattan, 1999.

GRAVIL, A., *Philosophie et finitude*, Paris, Cerf, coll. « La nuit surveillée, 2007.

GREISCH, J., « Qui sommes-nous ? » Chemins phénoménologiques vers l'homme, Louvain, Peeters, 2009.

----------------------, Le Cogito herméneutique. L'herméneutique philosophique et l'héritage cartésien, Paris, Vrin, 2000.

GRONDIN, J., Du sens des choses à l'idée de la métaphysique, Paris, PUF, 2013.

GROSOS, P., *Phénoménologie de l'intotalisable*, Paris, Cerf, coll. « La nuit surveillée, 2013.

HONNEFELDER, L., La métaphysique comme science transcendantale, Paris, PUF, 2002.

HOUSSET, E., La vocation de la personne. L'histoire du concept de personne de sa naissance augustinienne à la redécouverte phénoménologique, Paris, PUF, 2007.

JANICAUD, D., *La phénoménologie éclatée*, Paris, L'Éclat, 1998.

KANT, E., *Critique de la raison pure, in Œuvres philosophiques*, Paris, Gallimard, NRF, Pléiade en 3 volumes, (1980-1986).

KORZYBSKI, A., Prolégomènes aux systèmes non-aristotéliciens et à la Sémantique générale. Le rôle du langage dans les processus perpétuels, trad. Fr. Isabelle Aubert-Baudron 2007.

LACOSTE, J.-Y., *Phénoménalité de Dieu*, Paris, Cerf, coll. « Philosophie et Théologie », 2008.

LENOIR, F., *Le Christ Philosophe*, Paris, Plon, 2007.

----------------------, *La guérison du monde*, Paris, Fayard, 2012.

LEVINAS, E., En découvrant l'existence avec Husserl et Heidegger, Paris, Vrin, 1982.

MARION, J.-L., *Certitudes négatives*, Paris, Grasset, 2010.

-----------------------, Sur le prisme métaphysique de Descartes, Constitution et limites de l'onto-théologie dans la pensée de cartésienne, Paris, PUF, 1986.

PATOCKA, J., *La crise du sens*, Bruxelles, Ousia, t. 2, 1986.

PLESSNER, H., Die Stufen des OrganiSchgn und der Mensch. Einleitung in die philosophische Anthropologie, Berlin, Bonn, 1928. 3. Aufl. 1975.

RICŒUR, P., *À l'école de la phénoménologie*, Paris, Vrin, 1987, (2004).

RIQUIER, C., *Archéologie de Bergson. Temps et métaphysique*. Paris, PUF, coll. « Épiméthée », 2009.

SCHULZ, W., Philosophie in einer veränderten Welt, Gebundene Ausgabe, Klett-Cotta /J. G. Cotta'sche Buchhandlung Nachfolger; Auflage : 6-8. Tsd, 2001.

SCHWEIDLER, W., *Au-delà de la métaphysique*, trad. Line Soryano, Paris, Hermann, 2015.

VILLEY, M., *Philosophie du droit, t.1*, Paris, Dalloz, 1986.

III. 2. Articles

AGARD, O., « La question de l'humanisme chez Max Scheler », in *Revue internationale germanique*, octobre 2009.

APPEL, K.-O., « Constitution du sens et justification de la validité », *Les Études philosophiques*, PUF, juillet-septembre 1990.

-----------------------, Dasein und Erkenne. Eine erkennntnistheoretische Interpretation der Philosophie Martin Heidegger. Thèse de doctorat non publiée, Bonn, 1950.

ARION, L. K., « Immanence de la conscience intentionnelle et transcendance du *Dasein* » in *Heidegger et l'idée de la phénoménologie*, p.165-193 et 195-215.

ATGER, P.-E., « Phénomène, schème, figure. L'origine de l'ontologie figurale de Heidegger », *Les Études philosophiques* 1/2006 (n° 76), p. 29-46.

BALAZUT, J., « La critique de la raison pure comme préfiguration de l'ontologie fondamentale », *Le portique* (en ligne), 26 /2011, mis en ligne le 11 février 2013. URL : http://leportique.revues.org/2522 (consulté le 18 janvier 2016).

BLANCKAERT, C., « Fondements disciplinaires de l'anthropologie française au XIXe siècle. Perspectives historiographiques » in *Politix*. Vol. 8, N° 29, 1995. p. 31-54.

BEAUFRET, J., « Le destin de l'être et la métaphysique », in *Les Études philosophiques*, L'être, PUF, avril-juin, n° 2, 1960.

---------------------, « L'être », *Revue philosophique*, n. 4/2002, p. 387 à 402

BLANCHOT, M., « L'athéisme et l'écriture. L'humanisme et le cri », in ID., *L'entretien infini*, Paris, Gallimard, 1969.

BOULNOIS, O., « Quand commence l'ontothéologie ? Aristote, Thomas d'Aquin et Duns Scot », in *Sant Thomas et l'onto-théologie*, actes du colloque tenu à l'institut catholique de Toulouse, les 3 et 4 juin 1994, RTXCV (1995), p. 85-108.

BRAQUE, R., « La phénoménologie comme voie d'accès au monde grec. Note sur la critique de la *Vorhandenheit* comme modèle ontologique dans la lecture heideggérienne d'Aristote », *Phénoménologie et métaphysique*, Paris, 1984, p. 247-273.

BRETON, S., « Réflexions sur la fonction méta » in *Dialogue*, n° 21, 1982.

COURTINE, J.-F., « Onto-théo-anthropologique et analyse du *Dasein* » in *Heidegger et la phénoménologie*, Paris, Vrin, 1990.

----------------------, « Anthropologie et anthropocentrisme. Heidegger lecteur de Schelling », in *Nachdenken über Heidegger. Eine Bestandsaufnahme*, collectif éd. Par U. Guzzoni, Gerstenberg Verlag, Hildesheim, 1980.

----------------------, « La métaphysique de la subjecti(vi)té : Situation exemplaire de Schelling », in *Fondation et extase de la raison*, Paris, Galilée, 1990.

----------------------, « Les médiations cartésiennes de Martin Heidegger », in *Études philosophiques*, octobre 2008, n° 105.

----------------------, « Le préconcept de la phénoménologie et de la problématique de la vérité dans *Sein und Zeit* » in *Heidegger et l'idée de la phénoménologie*, London, Klumwer Academic Publishers, 1988, p. 81-106

DARWICHE, F., « Le divin (Göttliche) au cœur du quadriparti (Geviert) », *Revue philosophique de la France et de l'étranger* 3/2009, (tome 134), p. 309-332.

DASTUR, F., « La question de l'être de l'homme », in *L'Introduction à la métaphysique de Heidegger*, J-F Courtine (éd), Paris, Vrin, 2007, p. 215.

----------------------, « Heidegger Espace, Lieu, Habitation ». Dans Heidegger. Qu'appelle-t-on le Lieu ? *Les temps Modernes*, n° 650, juillet-octobre 2008.

----------------------, « La fin de la philosophie et l'autre commencement de la pensée », Heidegger. Questions ouvertes, *Collège International de Philosophie*, Osiris, mars 1988.

----------------------, « La question de l'être de l'homme », in *L'Introduction à la métaphysique de Heidegger*, J-F Courtine (éd), Paris, Vrin, 2007, p. 229.

DECLEVE, H., « Heidegger et Cassirer interprètes de Kant ». Traduction et commentaire d'un document. In *Persée, Revue Philosophique de Louvain*, Année 1969, vol. 67, n° 96, p. 517-545.

FLORIVAL, G., « Questions d'anthropologie philosophique », Louvain, Quatrième série, tome 93, n. 4, 1995, p. 579-596.

GENS, J.-C., « Heidegger à Fribourg » in *Michel Henry, L'épreuve de la vie.* Sous la direction d'Alain David et de Jean Greisch, coll. « La nuit surveillée », Paris, Cerf, 2001.

GONTIER, T., « Finitude du *Dasein*, Finité humaniste » in *Heidegger et la question de l'humanisme, Faits, concepts, débats*, Bruno Pinchard (dir.), Paris, PUF, 2005.

GREISCH, J., « La fonction méta dans l'espace contemporain du pensable », in *Le statut contemporain de la philosophie première.* Paris, Centenaire de la Faculté de Philosophie. Collectif, Institut catholique de Paris, 1997.

----------------------, « L'autre de l'Être », *in L'Introduction à la métaphysique de Heidegger*, J-F Courtine (éd), Vrin, Paris, 2007, p.192.

GRIESEBACH, G., « *Interpretation oder Destruktion*? » Zum kritischen Verständnis von Martin Heideggers "Kant und das Problem der Metaphysik", Deutsche Vierteljahresschrift für Literaturwissenschaft und Geistesgeschichte, 8, 1930, p. 199-232.

GRONDIN, J., « Heidegger et le problème de la métaphysique », in Revue *DIOTI*, n. VI, 1999, p. 163-204.

----------------------, « Prolégomènes à l'intelligence du tournant chez Heidegger ». Les *Études philosophiques* n° 3, Heidegger (Juillet-Septembre 1990), p. 333-352.

HEBERT, G., « Déconstruction et herméneutique », in *Le statut contemporain de la philosophie première.* Paris, Centenaire de la Faculté de Philosophie. Collectif, Institut catholique de Paris, 1997.

JAN, A. S., « Vie et histoire, (Heidegger 1919-1923) » in Revue *Philosophie*, n° 69, 2001.

JARAN, F., « La pensée métaphysique de Heidegger. La transcendance du *Dasein* comme source d'une *metaphysica naturalis* », *Les Études philosophiques*, 2006/1, n° 76, p. 47-61.

JOLLIVET, S., « Cassirer et Heidegger. Une relecture du débat de Davos », in *L'art de comprendre*, Revue d'*Anthropologie philosophique*, n° 22, deuxième Série, 2013.

LIEBERT, A., « Kant und das Problem der Metaphysik (Compte rendu). *Martin Heidegger*. Bonn, 1929 », Berliner Tageblatt, 12th November.

MARION, J.-L., « La fin de la métaphysique ouvre une nouvelle carrière à la philosophie », propos recueillis par Dominique Dhombres et Nicolas Weill, *Le Monde*, 22 septembre 1998.

----------------------, « De l'apparent à l'inapparent », *Les collections du magazine littéraire*, hors-série, mars-avril, 2006.

MATTEI, J.-F., « Heidegger et Hölderlin. Le Quadriparti », Paris, PUF, coll. « Épiméthée », 2001, 288. URL : http://www.cairn.info/heidegger-et-holderlin-le-quadriparti-9782130501138.htm (consulté le 3 juin 2016 à 13h43).

MONOD, J.-C., « Mythe, métaphore, modernité », 203, in *Archives de philosophie*, 67, 2014.

----------------------, « L'interdit anthropologique chez Husserl et Heidegger et sa transgression par Blumenberg », *Revue germanique internationale* [En ligne], 10, 2009, mis en ligne le 26 novembre 2012. URL : http://rgi.revues.org/336 (consulté le 7 janvier 2016).

MOREAU, J., « L'être et la pensée », in *Les études philosophiques*, n° 2, avril-juin, Paris, PUF, 1960

MÜLLER, D., « Human enchantement, humanisation de l'homme et théologie de l'intensité » In *Études théologiques et religieuses*, 2014/4 (tome 89), p. 495-508.

----------------------, « L'idéologie des transhumains », in *Futuribles*, 2013, n° 397.

POIRIER, N., « Le problème de l'être et la question de l'homme. Sur la polémique Cassirer-Heidegger », *Le philosophoire* 3/1999 (n° 9) : 139-149.

RODRIGO, P., « Heidegger lecteur d'Aristote », Les *Études philosophiques*, Paris, PUF, juillet-septembre 1990.

ROESNER, M., « Hors du questionnement, point de philosophie », in *L'Introduction à la métaphysique de Heidegger*, J.-F. Courtine (éd), Paris, Vrin, 2007.

ROGNON, F., « Destinée de l'humanisme et révolution anthropologique contemporaine », in *Transversalités*, n° 286, 2015.

----------------------, « L'homme augmenté conduit-il au transhumanisme ? ». Colloque organisé par l'Académie catholique de France et l'Université catholique de Lyon. Paris, 28 décembre 2015.

RUDOLF, B., « Transcendance et intentionnalité : Heidegger et Husserl sur les prolégomènes d'une ontologie phénoménologiques », in *Heidegger et l'idée de la phénoménologie*, *Klumwer Academic Publishers*, London, 1988, p. 165-193 et 195-215.

RUIN, H., « Le sort de la liberté chez Heidegger », Klesis-Revue philosophique : *Mélanges phénoménologiques*, avril 2008.

SCHARFF, R., « L'appropriation de Heidegger de Dilthey avant Être et Temps », *Journal de l'histoire de la philosophie*, vol. 35, n° 1, janvier 1997.

SERBAN, C., « La phénoménologie de la conscience comme fuite devant le *Dasein* : l'interprétation heideggérienne de Husserl à Marbourg en 1923-24 », in *Heideggers Marburger Zeit. Themen, Argumente*, Konstellationen, éd. Tobias Keiling, Francfort, Klostermann, coll. « Heidegger Forum », 2013.

SERON, D., « Métaphysique phénoménologique », *Bulletin d'analyse phénoménologique*, I/2, septembre 2005, p. 3-173.

SCHÜRCH, F. E., « Heidegger et la finitude », in Revue numérique *Klesis*, 2010, n° 15. p. 6-27.

SOMMER, C., « L'inquiétude de la vie facticielle. Le tournant aristotélicien de Heidegger (1921-1922) », *Les Études philosophiques* 2006/1 (n° 76), p. 1-28.

TAMINIAUX, J., « L'essence vraie de la technique », in Michel Haar (dir), *Martin Heidegger, L'Herne*, coll.3. Cahier de l'Herne, n° 45, 1983, p. 287-291.

VIEILLARD-BARON, J.-L., « Schelling et Jacob Böhme : les Recherches de 1809 et la lecture de la lettre pastorale », *Les Études philosophiques*, Paris, PUF, 1999.

VOLPI, F., « Dasein comme praxis : L'assimilation et la radicalisation heideggérienne de la philosophie pratique d'Aristote » in *Heidegger et l'idée de la phénoménologie*, London, Kluver Academic Publisher, 1996.

-----------------------, « La grammaire et l'étymologie du mot Être », in *L'Introduction à la métaphysique de Heidegger*, J-F Courtine (éd), Paris, Vrin, 2007, p. 139.

WALDENFELS, B., « La phénoménologie entre pathos et réponse », Revue de *Théologie et de Philosophie*, vol. 137, 2005.

Table des matières